DIOS

USA

Lápiz Labial

Kabbalah para Mujeres

Para mayor información:

The Kabbalah Centre
155 E. 48th St., New York, NY 10017
1062 S. Robertson Blvd., Los Angeles, CA 90035

1.800.Kabbalah
www.kabbalah.com/espanol

Primera edición, noviembre de 2005
Segunda impresión en español y primera con tapa blanda, enero 2011
Tercera impresión en español y segunda con tapa blanda, septiembre 2011
Cuarta impresión en español y tercera con tapa blanda, marzo 2013

Impreso en Colombia - Printed in Colombia
Impreso por Colombo Andina de Impresos S.A.

Distribuidor para América Latina
EDICIONES Y DISTRIBUCIONES DIPON LTDA.
Telefax: +(571) 2766440-5410592
Email: edicionesdipon@etb.net.co

Distribuidor para México
CANGREJO & ALJURE S.A. DE C.V.
Teléfono: +(52) 5556110432

Distribuidor para España
ALFAOMEGA

ISBN 13: 978-1-57189-773-2

Diseño: Hyun Min Lee (HL Design) www.hldesignco.com

Para más información sobre cómo contactar los diferentes Centros y grupos de estudio de Kabbalah de habla hispana te invitamos a ver la página 282.

100%

Este libro está hecho con papel extraído del bagazo de caña, compatible con el medio ambiente.

DIOS

USA

Kabbalah para Mujeres

KABBALAH PUBLISHING

www.kabbalah.com/espanol™

POR LA KABBALISTA KAREN BERG

Dedicatoria

Es mi sueño que a todos los niños del mundo se les otorgue la sabiduría para tomar decisiones acertadas que les conduzcan hacia una vida de certeza, felicidad, cuidado de los demás y, lo que es más importante, control sobre sus destinos.

Cada ser humano contiene una chispa de Dios. Si extendemos este conocimiento a todo el mundo, nos liberaremos del prejuicio, la guerra y el odio. Este planeta se convertirá, finalmente, en la intención de nuestro Creador: el Cielo en la Tierra.

Contenido

DIOS USA *Lápiz Labial*

PARTE II: HERRAMIENTAS KABBALÍSTICAS

Reconocimientos

En primer lugar quiero dar las gracias al Rav. Si no fuera por ti, por tu energía, tus dones, tu fortaleza, el contenido de este libro no existiría. Yo no podría ser quien soy si tú no fueras tan claramente quien eres.

Y si no fuera por todo el trabajo que hemos realizado juntos a lo largo de nuestras vidas, no existiría la oportunidad cósmica de revelar al mundo este cuerpo espiritual de sabiduría. Con todo mi amor, querido mío, muchas gracias.

Agradezco también a todas aquellas personas que han dedicado su talento y su compromiso a poner esta sabiduría al alcance de la mujer, permitiéndonos utilizar nuestro poder de revelar la Luz del Creador a esta generación para que la oscuridad se desvanezca de una vez para siempre. Ustedes son tan partícipes como yo en la realización de este proyecto. Gracias a Nili Herzog, Jai Collins, Lisa Mirchin, Peter Guzzardi y Susan Golant, quienes esculpieron las formas de mis palabras.

INTRODUCCIÓN

Yo fui una niña alocada con una niñez complicada.

Mi padre murió en 1942, durante la Segunda Guerra Mundial, justo antes de que yo naciera. Mi madre intentaba ganarse la vida por sí misma, razón por la cual yo pasaba la mayor parte del tiempo con mi abuela. Estábamos muy unidas y, con su ayuda, me crié. Finalmente, mi madre se casó con mi padrastro y juntos tuvieron una niña, mi hermanastra, que es 12 años menor que yo.

Sería lógico pensar que después de este segundo matrimonio mi vida se asentó, pero no fue así. Mi padrastro era gerente de un hotel en Miami Beach, Florida, y trabajaba sólo por temporadas. Por lo tanto, yo iniciaba la escuela en Nueva York, pero en noviembre regresábamos a Miami; y en cuanto comenzaba a hacer calor y las aves de invierno emigraban, volvíamos de nuevo a Nueva York. Cada vez que regresábamos, me apuntaban en una escuela distinta. En total, asistí a 13 escuelas públicas diferentes.

Mi existencia era nómada e inestable; nunca tuve la protección de un hogar o una familia "normal". Y yo, externamente, era un desastre. Leía como una persona 5 años menor y mis compañeros se burlaban de mí; me llamaban "estúpida" y "retrasada". Una noche, unos niños me arrojaron a un foso de construcción. Comencé a llorar, no podía salir. Tenía miedo de morir ahí abajo.

¿Por qué te cuento todo esto? ¿Estoy acaso buscando tu compasión? En absoluto.

Ese incidente fue un punto de inflexión en mi vida. Fue la primera vez que sentí la presencia de Dios, que se me presentó como una voz en mi cabeza.

"¿Por qué lloras?", preguntó la voz. "¿No comprendes lo que está pasando? Espera y verás. Siempre hay una razón por la que las cosas te suceden en la vida".

Yo tenía tan sólo diez años en aquel momento, pero a partir de entonces supe que existía una fuerza superior a mi persona y a mi pequeña existencia. Me estaba formando para la vida que más tarde llevaría. Y desde ese momento, siempre he tenido esa voz dentro de mí y me he sentido a gusto en lugares donde otros no pueden.

Mi vida comenzó a mejorar. Cuando tenía 12 años, conocí a un maestro excelente que me quiso como a una verdadera hija. Él se dio cuenta de mi potencial y se hizo cargo de mí. Cuando llegué a la escuela secundaria, cursé mis estudios con méritos.

La faceta espiritual de mi vida floreció mucho antes de que se iniciara mi relación con mi esposo o con el Centro de Kabbalah. Sentía la presencia de Dios con tanta intensidad, que comencé a leer todo lo que llegaba a mis manos sobre energía, espiritualidad, reencarnación y astrología. Me sentía cómoda en esa temática, fue como una bendición. No entendía la moda (mi forma de vestir sigue siendo terrible), odiaba ir de compras y más tarde me convertí en una pésima cocinera y ama de casa. Las llamadas artes femeninas no eran mi punto fuerte porque ése no era el rol que estaba destinado para mí. Pero sí conocía a las personas. Mis amigas solían preguntarme: "¿Te acuerdas de Phyl, aquella chica que llevaba un vestido rosa con la cartera y los zapatos a juego?". Y yo, estrujándome la cabeza, respondía: "¿Te refieres a la que nunca sonríe?".

Estaba muy claro que no me interesaba por lo exterior; al contrario, me inclinaba por el interior. Pero todavía no por completo. Cuando conocí a mi futuro esposo, Rav Berg (*Rav* es simplemente otra forma de decir "maestro") no tenía ni idea de que estábamos destinados el uno para el otro. En aquel momento, tenía 16 años y vivía con mi abuela. Necesitaba ganarme la vida porque quería terminar la escuela superior; pero no podía soportar la idea de mudarme de nuevo a Florida, por lo que decidí aceptar un empleo en un negocio que era propiedad del Rav y de su cuñado. Trabajé allí durante seis meses. Cuando miro atrás, me asombra pensar lo inconscientes que éramos en aquel entonces de lo que acabaría sucediendo entre nosotros; todavía no estábamos listos el uno para el otro, por lo que la chispa no se percibía. De hecho, él no me gustaba. Todavía no era el Rav, sino un empresario fuerte y poderoso; y yo, una adolescente descarada y rebelde.

Solía atender el teléfono de la oficina:

"¿Quién llama?", pregunté, masticando mi goma de mascar.

"El alcalde Wagner", contestó la voz.

"Sí, claro, y yo soy el Papa", contesté, y colgué el teléfono. Sólo que en esta ocasión, sí que era el alcalde de Nueva York. Todavía me sorprende que no me despidieran en el acto.

Con 17 años dejé el empleo del Rav y me casé con un hombre maravilloso. Necesitaba crear mi propia vida. Tenía 18 años cuando nació nuestra primera niña, Leah, y 19 cuando llegó su hermana, Suri. Mi primer esposo me prometió el cielo y la tierra, y cumplió con su promesa. Todo lo que yo pedía le parecía bien. Él dio y dio y dio, pero llegó un momento en el que me sorprendió descubrir que yo no era feliz. Mi esposo me daba, pero yo no podía recibir.

Yo quería algo más de la vida, algo que me llenara, que me diera energía. Y con él, a pesar de lo amable que era, no había ningún desafío, no había lugar para el crecimiento.

Entonces le dije a mi esposo: "Te quiero como a un hermano y debemos ser buenos amigos, pero no puedo seguir casada contigo". A pesar de que nuestro matrimonio se estaba deshaciendo, continué llevando su negocio de contratista constructor, y éste fue muy bien. Pero cuando sentí que él ya podía cuidar de sí mismo y seguir por su cuenta, me marché.

Entonces, ocho años después de haber trabajado para el Rav, me lo encontré de nuevo. Yo necesitaba una secretaria, así que decidí contactar con mi antigua compañera de trabajo, Carmen. Lo último que había escuchado acerca de ella era que continuaba trabajando para el

Rav y su cuñado. Entonces, llamé a la oficina y Carmen atendió al teléfono. Tuvimos una breve conversación y, de pasada, pregunté: "¿Está todavía el Sr. Berg involucrado en el negocio?".

"No", contestó Carmen, "se ha mudado a Israel y sólo lo veo ocasionalmente. Pero cada vez que viene a Nueva York, se suele pasar por aquí para recoger su correo".

Le dije a Carmen que lo saludara de mi parte la próxima vez que lo viera y colgué. No habían pasado ni diez minutos cuando sonó mi teléfono. Era el Rav; acababa de llegar a Nueva York y había entrado en la oficina de Carmen tan sólo un momento después de que finalizara mi conversación con ella.

Me sentí extrañamente nerviosa al escuchar su voz.

"¿En qué estás trabajando estos días?", le pregunté casi sin aliento.

"Abandoné el negocio", explicó. "He estado estudiando la Kabbalah durante los últimos siete años con mi maestro en Israel. Mi maestro falleció hace cuatro días y por eso he regresado a casa". Estaba intrigada. Gracias a mi lectura acerca de reencarnación y astrología, sabía que la Kabbalah era la semilla de todas las enseñanzas espirituales. Entonces, impulsivamente, le pregunté: "¿Puedo hacer un trato contigo?".

"¿Qué tipo de trato?", quiso saber.

"Si vuelvo a trabajar contigo sin costo alguno", dije rápidamente, "¿me enseñarías todo lo que sabes sobre la Kabbalah?"

"Sí, por qué no", aceptó. Entonces concertamos una cita para cenar esa misma noche y así discutir los detalles. Y debo confesarte que en el transcurso de esa reunión, ya estuvo todo claro. Nos dimos cuenta instantáneamente de que estábamos hechos el uno para el otro.

Una semana más tarde nos encontramos de nuevo, esta vez para desayunar en el restaurante Ratner, en el lado este de Nueva York. Pero el Rav no parecía feliz en esta ocasión. De hecho, estaba verdaderamente abatido. En vez de hablar de sí mismo, me preguntó: "¿Cómo has estado?".

"Bien", le respondí, "pero debo decirte que tuve un sueño muy raro anoche".

Asintió, como diciendo: "Continúa".

"Un hombre que no conozco se me apareció en sueños", comencé, "y cuando lo miré, puso sus manos sobre mi cabeza y me dijo algo en una lengua que me sonó como hebreo, pero que no comprendí. Luego dio media vuelta para irse. Intenté asir su abrigo y le pregunté qué estaba diciendo, pero él simplemente se fue. "Le expliqué que eso era de lo más extraño porque, al pertenecer a la cuarta generación de una familia judío-americana integrada, nunca había recibido educación judía ni había estudiado hebreo".

Pero en vez de sentirse molesto por mi extraño sueño, el Rav se animó. "Describe al hombre", me dijo mientras enrojecía de entusiasmo. Afortunadamente, podía describirle hasta el mínimo detalle, ya que la imagen había sido muy vívida: "Llevaba un abrigo largo y sujetaba un bastón", expliqué, "y también llevaba puesto un sombrero de piel en la cabeza".

El Rav se puso eufórico. "Ayer, antes de ir a dormir", dijo, "le pedí a mi maestro que se me apareciera y me hiciera saber si era correcto enseñarte. Pero él no apareció, por lo que esta mañana he llegado aquí apesadumbrado. Pensaba que tendría que decirte que nuestro trato había finalizado. Pero el hombre que me has descrito era mi maestro. Se te ha aparecido a ti en vez de a mí. Y, lo que es aún más importante, te ha dado su bendición".

Ése fue el comienzo de nuestro camino juntos. De hecho, no mucho tiempo después decidimos casarnos. Pero cuando fui a explicárselo a mi madre, ella, al ver su fotografía dijo: "Estás loca. ¿Qué puede darte? ¿Qué puede ofrecerte?". Debo admitir que hacíamos una pareja poco usual: la auténtica "Extraña pareja". Él era un judío ortodoxo con un abrigo negro largo y un gran sombrero de piel; y yo era una mujer divorciada de veintitantos años que vestía minifalda y tenía dos hijas pequeñas.

Con mi primer esposo yo había tenido todo lo que quería: la casa grande, el auto lujoso...cualquier cosa; eso, por supuesto, si le llamas tener a "todo lo que quería". Pero yo no lo hice. Decidí que este hombre y lo que me ofrecía —una vida estudiando la Kabbalah— era lo que yo realmente quería.

Entonces cambié la casa, el auto y la pensión alimenticia por un pequeño apartamento en Brooklyn y un cheque del estado. Mi madre opinó: "Estás loca. ¿Cómo puedes dejar todo esto?". Recuerdo que al poco tiempo de casados, el Rav tuvo que tomar prestados 25 dólares para que pudiéramos hacer una comida de Shabat. Sin embargo, aquellos fueron los mejores años de nuestras vidas. No pretendo decir que fueron fáciles, ya que ambos proveníamos de mundos muy distintos.

De hecho, justo después de casarnos, el Rav se deshizo de todos mis libros de astrología y espiritualidad; simplemente los tiró, y yo me enfadé. Se volvía loco por cosas que para mí no tenían sentido. En cierta ocasión él fue al *mikvé* —el baño ritual— para purificarse antes de Shabat. Entonces, una vez finalizado el ritual, una mujer tocó su mano por accidente y él se subió por las paredes.

Hasta nos peleamos por una televisión. No teníamos televisor, por lo que un día traje uno a casa. El Rav se quedó de pie en la entrada y lo empujó como si fuera un pestilente gato muerto. Yo corrí afuera para recuperarlo y él cerró la puerta tras de mí. Entonces tomé el televisor y dejé al Rav en el apartamento con mis dos niñas.

Cuando finalmente lo llamé, preguntó: "¿Me estás abandonando? ¿Por un televisor? Es una estupidez."

"Tienes razón", repliqué, "es una estupidez". Así que regresé a casa remolcando el televisor, que se quedó allí.

Pero seguía siendo difícil. De hecho, una vez me harté tanto de su religiosidad que le quité ese enorme sombrero negro de su cabeza y lo arrojé por la ventana. Le dije: "Aclaremos una cosa. Yo me he unido a tu mundo, así que tú debes ahora venir al mío. No puedo vivir con tanta rigurosidad".

Sin embargo, a pesar de todos los problemas, ni el Rav ni yo rompimos nuestro compromiso. Pese a que la fusión de los dos mundos fue difícil, prevalecieron nuestro amor y nuestro deseo compartido de lograr algo grande. De hecho, nuestras diferencias fueron las que finalmente hicieron posible que la Kabbalah se volviera accesible para todos.

Poco tiempo después nos mudamos a Israel con mis dos niñas. En realidad yo no quería ir, pero sabía que significaba mucho para el crecimiento personal del Rav, y él creía que sería muy beneficioso para nuestros hijos. Por ese motivo, acepté. Así que comenzamos una nueva vida en un país extranjero con tan solo 4.000 dólares en nuestro haber. Yo no hablaba hebreo y no teníamos ni familia ni amigos. Para entonces nuestros dos hijos ya habían nacido, por lo que ya formábamos una familia de seis.

En ese tiempo, pocas personas conocían al Rav Berg o la Kabbalah. Recién comenzábamos a encontrar nuestra dirección. Sabíamos que deseábamos lograr un efecto espiritual duradero sobre la humanidad y creíamos que la Kabbalah era el camino para lograr ese objetivo, pero no teníamos ni ayuda ni dinero. Sin embargo, nuestros escasos medios y nuestras vidas poco complicadas demostraron ser nuestra mayor bendición. Sin amigos o familiares a nuestro alrededor ni nada que nos distrajera, disponíamos de todo el tiempo del mundo para estudiar y amar a nuestros hijos. Los llevábamos al parque todos los días y jugábamos con ellos. Cada noche, a la hora de ir a la cama, cantábamos canciones y el Rav les contaba cuentos sobre un caballo llamado Silver y la granja imaginaria donde vivía.

Comencé a estudiar. De hecho, gran parte de lo que encontrarás en este libro es el resultado de mis años de estudio profundo del conocimiento contenido en la Kabbalah. Pero, de nuevo, no fue fácil. Durante siglos, la Kabbalah sólo había sido accesible para hombres judíos eruditos mayores de 40 años y excluida para todos los demás, incluidas las mujeres. A decir verdad, se creía que el estudio de la Kabbalah llevaría a la locura a quienes lo emprendieran, y muchos kabbalistas fueron torturados o asesinados por sus esfuerzos en este sentido.

Esta tradición secreta se transmitió de generación en generación de kabbalistas masculinos hasta 1968, cuando el Rav Berg se convirtió en el director del Centro de Kabbalah en Tel Aviv. En ese tiempo, él estaba estudiando Las Diez Emanaciones Luminosas con su maestro. Se trata de enseñanzas que proveen una comprensión profunda de "el gran cuadro" de la vida: cómo se creó el mundo, la naturaleza de Dios, por qué estamos aquí y cómo se formó el hombre en ese contexto.

Pero todo era tan abstracto . . . Cuando comiences a comprender la naturaleza kabbalística del hombre y de la mujer que te transmitiré en estas páginas, comenzarás a entender por qué el Rav estaba más involucrado con la sabiduría teórica y por qué me tocó a mí, una mujer, dar a esa sabiduría una forma y estructura que la hiciera disponible a todas las personas. Así fue, tuvo que ser una mujer quien golpeara la puerta y dijera: "Dale un formato. Hazlo real".

Entonces le pregunté al Rav: "¿Qué me dices de una persona que es infeliz o que tiene un karma o ha nacido bajo un signo en particular? Si todo sucede por una razón, entonces los temas de astrología, reencarnación y experiencias en vidas pasadas que sé que son verdaderos, deben estar incluidos en alguna parte en tus libros. Si las enseñanzas kabbalísticas realmente contienen la verdad, entonces también deben incorporar estas experiencias".

Esto animó al Rav a comenzar a buscar y estudiar aún más. Entre los escritos de Rav Isaac Luria, el famoso Kabbalista español del siglo XVI también conocido como el Arí (el León), él encontró *Las Puertas de la Reencarnación*. Y en *El Libro de la Formación*, el primer documento conocido de la Kabbalah, escrito hace aproximadamente 4.000 años por el Patriarca Avraham, encontró un universo entero de astrología. Inmediatamente comenzamos a estudiar juntos esta sabiduría.

Finalmente dije: "Mira, si yo puedo comprender estas enseñanzas (y no soy un alma tan grande) entonces otros también pueden. Abramos el Centro de Kabbalah a todos".

"¿Cómo quieres dar las clases?", me preguntó el Rav.

"A mujeres y hombres, juntos".

"¿Qué?", respondió. La idea de mujeres aprendiendo Kabbalah ya era difícil, pero ¿mujeres junto con hombres? Eso era inaudito. "Olvídalo", me contestó.

"¿Qué puede suceder?", pregunté.

"Mujeres . . . Seremos asesinados", dijo él.

Pero yo he sido rebelde y terca toda mi vida, por lo que continué insistiendo en abrir la sabiduría de la Kabbalah a todo el mundo sin importar su raza, sexo o creencia religiosa. Cuando nos encontramos en un camino espiritual, estamos intentando conectarnos nuevamente con el Espíritu, la Luz del Creador. Este espíritu no tiene nombre: no es cristiano ni judío ni budista, no es hombre ni mujer, y no está limitado de forma alguna. Es solamente Espíritu, y existe más allá de los confines de cualquier fe en particular. No tiene sexo. Si yo podía hacerlo, también otras mujeres debían poder conectarse a su sabiduría.

Pero no fue fácil abrir las enseñanzas de la Kabbalah a todo el mundo.

Históricamente, la Kabbalah había estado reservada solamente para los estudiosos más avanzados. Al ponerla a disposición de todos los que estuvieran interesados en ella, estábamos desafiando 4.000 años de tradición. Sin embargo, pese a nuestras dificultades, el estudio de la Kabbalah empezó a hacerse cada vez más popular, y el Centro de Kabbalah fue dejando de ser una organización pequeña y exclusiva con base en Israel para convertirse en una entidad mundial cuyas 50 sucursales han proporcionado instrucción a aproximadamente cuatro millones de estudiantes.

Yo creo que el motivo principal de nuestro éxito está en comprender que Dios es parte de cada ser humano. Sin importar cuál sea la religión de una persona, esta comprensión se desarrolla con herramientas que compartiré contigo en este libro. Estas herramientas mejorarán tu vida diaria, pero no porque Dios te hará caer muerto si no las usas. Estas herramientas son para ti, para mí, para todos nosotros. Dios no las necesita. Y de ellas debemos obtener placer, que es el propósito de nuestra existencia aquí en la tierra.

* * *

He escrito *Dios Usa Lápiz Labial*, la primera Biblia kabbalística para mujeres, para que te ayude a comprender por qué no debes ser un hombre de 40 años —y un estudioso del Talmud— para aprender la Kabbalah. Puedes ser una mujer de 20 o de 70 años; puedes ser cristiana o musulmana; puedes ser una madre a tiempo completo o una ejecutiva con mucho poder, una estrella de cine o una vendedora. Y además, el conocimiento que este libro puede proporcionarte, te dará el alimento para que te superes y seas lo mejor que puedas en tu potencial iluminación espiritual.

Puede ser que conozcas una tradición del Judaísmo en la cual las mujeres encienden y bendicen velas los viernes por la noche en la cena para dar la entrada al Shabat. Este es un acto de un significado muy profundo. Es una mujer la que trae la Luz al hogar; es la mujer quien manifiesta toda la energía y la pone en su lugar, ayudando a los demás a crecer. Las mujeres son las que alimentan al mundo y, como tales, somos las mensajeras de Dios. Sin la Vasija no podría haber Luz, la Luz no podría existir en el vacío.

Tú compartes con las demás mujeres del mundo este rol tan importante, y mediante *Dios Usa Lápiz Labial* espero ayudarte a manifestarlo.

¿Estás lista?

PARTE I

SABIDURÍA KABBALÍSTICA

1

Tenemos Deseos

Tantos deseos.

Todas queremos comprendernos mejor, vivir vidas más satisfactorias, tener una experiencia más rica de quiénes somos y qué venimos a hacer aquí, cuál es nuestra contribución. Todas queremos ser felices. Y, en verdad, la mayoría de nosotras queremos las mismas cosas de la vida: queremos amar y ser amadas; queremos tener relaciones satisfactorias; queremos disfrutar de seguridad financiera; queremos estómagos llenos y cinturas delgadas; queremos que nuestros niños sean felices y sanos.

Queremos el éxito; queremos comer chocolate; queremos festejar; queremos sentarnos y contemplar; queremos sexo, compañía, seguridad, bebés; queremos leer una gran novela, un lápiz labial perfecto; queremos un buen hombre que sea nuestra alma gemela; queremos la paz mundial; queremos estudiar; queremos que nos dejen solas; queremos bailar; queremos un refresco bien frío, una docena de rosas, nadar en el océano, escalar montañas, escondernos debajo de las sábanas; queremos esos pendientes de diamantes y los zapatos de Jimmy Choo; queremos compartir, queremos amar. Queremos, queremos y queremos.

Y tenemos preguntas, tantas preguntas.

En el fondo, todas deseamos comprender el significado de nuestras vidas. Cuando eras niña, quizá te preguntabas: "¿Por qué nací? ¿Cuál es el propósito de mi vida?". Pero rápidamente todas crecimos y comenzamos a estar muy ocupadas. Teníamos que pagar el alquiler, vestir a los niños para ir a la escuela, hacer la compra, cuidar nuestro matrimonio, hacer de chofer del equipo de fútbol y dedicarnos a nuestra carrera profesional. Entonces, exhaustas, simplemente dejamos de hacernos las preguntas profundas que una vez, cuando éramos niñas, nos fascinaron. Pero, ¿tenemos que hacerlo? ¿No continúas preguntándote, *por qué fui creada*?

En *Dios Usa Lápiz Labial*, mi intención es revelarte lo que la Kabbalah explica sobre cómo debería ser la vida; por qué estamos aquí; por qué las cosas te suceden de esta manera. De dónde obtuviste tu cerebro, tus pensamientos, tus deseos, tus emociones, las personas que conoces y el talento que posees. Cómo encaja todo esto en un panorama más amplio del universo y cómo puedes encontrar la plenitud duradera. Éstas son las reglas espirituales del juego de la vida.

¿Qué sucedería si las aprendieras? *Todo tu potencial se haría realidad.* De hecho, todo el propósito del estudio de la Kabbalah es informarte acerca de estas leyes no físicas para que recibas la plenitud.

Pero ¿qué quiere decir *espiritual*? Es una palabra que significa muchas cosas diferentes para diversas personas. Por ahora, todo lo que percibes más allá de tus cinco sentidos —si no puedes verlo, saborearlo, olerlo, sentirlo o escucharlo— puedes considerarlo espiritual. En el pasado, tal vez hayas usado las palabras *emocional*, *intuitivo* o *instinto*. "Tengo una buena sensación respecto a esta persona", puedes haber dicho; o: "Ay, él me da escalofríos". Éstas son reacciones que no puedes identificar utilizando tus sentidos, así que llamémoslas *espirituales*.

La palabra *Kabbalah* deriva del término *recibir*. Con la Kabbalah aprenderás *cómo recibir* la plenitud que estás buscando. Y esto te llevará a un éxito verdadero, duradero y permanente en tu vida. Entonces, ¿por dónde comenzamos? Hagámoslo por antes del principio.

2

Antes del Principio

Por qué estás aquí hoy y quién eres —tu modo de maquillarte, el estilo en que te vistes, cómo sonríes, la forma en que miras a un hombre o arrullas a tu bebé— son un reflejo de *por qué estás aquí en un principio*. Y la Kabbalah nos explica que debemos regresar hasta antes del tiempo de la Creación para comprender esta pregunta tan importante.

"Antes del principio", en lo que la Kabbalah llama el Mundo Sin Fin, existían dos fuerzas que permitieron la Creación.

Una de estas fuerzas se llama Luz, y es el deseo constante e infinito de compartir. La Luz es toda bondad. Es la energía del universo —la energía no física que todos andamos buscando—, pero es una energía inteligente. Esta Luz es la energía universal que existe en todo: rocas, árboles, taxis, perros y escritorios, incluso en tu suegra. Es *la Fuerza de Luz del Creador*, la Luz de Dios. El compartir es verdaderamente esa energía: la energía de Dios.

De hecho, los antiguos kabbalistas definen la fuerza llamada Dios como el poder infinito de dar, la energía infinita de transmitir, de plenitud. ¿Qué tipo de plenitud? Es la energía de la paz y la energía de la claridad; la energía de la salud y la abundancia económica; la energía de la afirmación, del amor y las relaciones; la energía de cada bendición que deseas. A decir verdad, cuando utilizamos la palabra *Luz* en el mundo de la Kabbalah nos referimos a todo aquello que puedas imaginar que sea maravilloso: confianza en ti mismo, felicidad, plenitud, amor, creatividad, abundancia, seguridad, respeto, alegría, salud. Todo lo que se te ocurra: si es bueno, es la Luz.

El propósito de estudiar la Kabbalah es aprender cómo conectarte con la Luz y recibir todas sus bendiciones. La Kabbalah nos ayuda a comprender que podemos recibir Luz de todas las cosas, hasta de un mantel. De hecho, en el momento en que aceptas que tu ser —quien eres— es el flujo de la Luz; y cuando sintonizas con ese flujo, todo lo que está a tu alrededor se ilumina.

La Luz Infinita es asombrosa. Comparte y comparte y comparte. Imagínala como si fuera un signo *más*, lo positivo. El dador completo y absoluto de la vida, la calidez y la felicidad.

LA VASIJA

La Luz es puro compartir, pero necesitaba alguien a quien entregar su beneficencia. Necesitaba crear una entidad cuya capacidad fuera tan vasta que pudiera recibir, continuamente y sin fin, todo lo que la Luz tenía para darle. Entonces la Luz, que es la energía infinita de dar, creó un receptor infinito. En Kabbalah, llamamos a esto el *Alma original* o la

Vasija original. Si la Luz es un *más*, entonces la Vasija es un *menos*: la segunda fuerza de la Creación.

¿Por qué los kabbalistas emplearon la palabra *Vasija*? Así como una taza contiene agua, cada uno de nosotros es un contenedor que tiene la capacidad de recibir lo que el Creador nos tiene destinado: toda la Luz, toda la energía, toda la plenitud que estamos buscando. La Vasija original es el alma original, el receptor original, el ser original que fue creado con el propósito de recibir todos los placeres y bondades que el Creador y la Luz nos querían dar.

En términos kabbalísticos, decimos que la Luz es la *causa* y la Vasija es el *efecto*. La Vasija es el efecto del Deseo de Compartir de la Luz. La Vasija simplemente desea todo aquello que puedas imaginar, todo lo que la Luz tiene para ofrecer, cualquier forma de deseo: ser feliz, ser famoso, ser amado, dormir, comer, bailar, aquellos pendientes de diamantes y los zapatos de Jimmy Choo. Todo lo que existe en el infinito Deseo de Recibir.

Y, por un tiempo, reinó la completa armonía. La naturaleza de compartir compartía, es decir: la Luz daba y la naturaleza de recibir recibía, por lo que la Vasija obtenía. Era perfecto.

PROBLEMAS EN EL PARAÍSO

Pero entonces las cosas cambiaron.

En cualquier creación, encuentras la esencia de su Creador. Cuando te maravillas frente a una obra de arte, por ejemplo, sabes que es un Renoir o un Rembrandt porque la esencia del pintor está en la pintura. Lo mismo ocurre con la Vasija y la Luz en el Mundo Sin Fin. Pese a que la naturaleza de la Vasija es solamente recibir, al llenarse del amor infinito del Creador, la Vasija también absorbió la naturaleza de compartir de la Luz.

Esto creó un problema para la Vasija, debido a que continuar simplemente recibiendo ya no le resultaba satisfactorio; por lo tanto, ésta desarrolló un nuevo deseo. Dijo: "¿Sabes qué? No soy feliz sólo recibiendo. Para sentirme realizada debo ser como tú. Necesito dar y compartir también".

Entonces, ¿qué es exactamente esta necesidad de compartir?

Yo me encontraba en la misma situación con mi primer esposo. Él era tan bueno conmigo . . . todo lo que quería era dar, dar y dar. Pero no había un espacio para que yo le devolviera a él y, después de un tiempo, me volví impaciente e infeliz. Puede ser que experimentes el mismo dilema con una buena amiga. Imagina que ella esté constantemente invitándote al cine o a cenar, y que cada vez que salís juntas, ella paga. ¿Te hace eso sentir bien? Por supuesto que no. Te molesta. Tú también quieres pagar. Aun cuando sabes que su generosidad nace de un puro amor por ti —especialmente si éste es el caso— buscarás caminos para darle algo a cambio. Si esto no lo puedes realizar de forma material, entonces buscarás alguna otra forma de reciprocidad. Y si no puedes encontrar una, en poco tiempo comenzarás a rechazar sus invitaciones. Simplemente, resulta demasiado incómodo estar recibiendo todo el tiempo.

De hecho, ésta es una de las reglas básicas de Kabbalah: si recibes algo en este mundo, estás en condición de compartir. Y no es una condición de la que se ocupen los filósofos, es una disposición que está en la naturaleza, en el mismo ADN del universo.

Este Deseo de Compartir es exactamente lo que le sucedió a la Vasija. Dijo: "Estoy recibiendo, recibiendo y recibiendo, pero no estoy dando nada a cambio. Esto me incomoda. Yo también quiero compartir. Déjame darte algo a cambio, Luz".

Pero entonces se presentaba un problema: la Luz, tal como recuerdas, sólo comparte; no tiene la capacidad de recibir. Por lo que la Luz contestó a la Vasija: "No puedo recibir nada de ti".

"Pero de ninguna manera voy a seguir recibiendo sin compartir", replicó la Vasija.

Y de esta manera, de un callejón sin salida, surgió nuestro mundo.

3

Entonces, ¿Qué Ocurrió?

El *Big Bang*.

Nuestro universo se creó como resultado de que la Vasija dijera: "Me siento avergonzada. Estoy recibiendo sin dar nada a cambio. En términos kabbalísticos, esto se llama *Pan de la Vergüenza*; quiero tener también la oportunidad de compartir". En el Mundo Sin Fin, la Vasija original lo tenía todo menos la oportunidad de realmente ganarse la Luz que estaba recibiendo.

Entonces ¿qué hizo la Vasija? Se echó atrás y rechazó a la Luz. Le dijo: "BASTA, NO QUIERO MÁS".

Dado que la única intención del Creador era complacer a la Vasija, el Creador retiró la Luz. En la Kabbalah, decimos que se *restringió* a sí misma. Se restringió hasta ser un único punto finito. Y en aquel momento se creó una oscuridad absoluta que la Vasija no pudo soportar. Entonces, la Luz regresó con toda su fuerza. Pero la Vasija no estaba lista, no había transformado su naturaleza, por lo cual, en ese instante, perdió su plenitud original y se hizo pedazos, explotando en un número infinito de fragmentos y creando de esta manera todas las almas de la humanidad, así como también el tiempo, el espacio, el movimiento y el universo físico tal como lo conocemos hoy.

Así es como los científicos modernos describen este evento:

> Hace aproximadamente 15 mil millones de años, antes de
> que el universo existiera, no había nada. No había tiempo ni
> espacio. El universo comenzó en un punto único. Este
> punto estaba rodeado por la nada. No tenía ancho ni
> profundidad ni largo. Contenía todo el espacio, el tiempo y
> la materia. Este punto estalló en una explosión de fuerza
> inimaginable, expandiéndose a la velocidad de la luz.
> Finalmente, esta energía se enfrió y se convirtió en materia:
> estrellas, galaxias y planetas.

El *Big Bang*.

Esta división de la Vasija original creó nuestro mundo. De hecho, el
Creador hizo realidad este universo físico para poder cumplir el Deseo
de Compartir de la Vasija. La Vasija es el alma consumada. Nuestro
verdadero propósito en el mundo es aprender a ser dadores, a ser la
Luz, a ser una causa por la que intentamos realizar nuestros deseos y
sentir una vez más la Luz y el amor del Creador.

Para el ser humano, la vida se convirtió entonces en un proceso de
reconexión con la Fuerza de Luz del Creador, con el fin de que
podamos obtener nuestra anterior plenitud. Sin embargo, la intención
no era que simplemente retornáramos a nuestro estado original. El

mundo físico fue creado para darnos una oportunidad que no teníamos en el Mundo Sin Fin: convertirnos en seres que comparten, como nuestro Creador, y no ser solamente receptores pasivos.

De hecho, aprender a compartir incondicionalmente es el propósito del reino físico y es la única manera en la cual podemos sentir la generosidad del Creador. El propósito de la Creación es ofrecernos la posibilidad de reconectarnos de nuevo con el circuito original de amor y, así, reunirnos con el Creador, que es la fuente de todo lo que es bueno y completo. Logramos esto al aprender cómo compartir con otras personas, para así poder ser como el Creador.

4

Dos Sistemas Paralelos

Existen dos fuerzas paralelas en el universo: la Luz y la Vasija, el sol y la luna, positivo y negativo, compartir y recibir, yin y yang, masculino y femenino. Y todo en este mundo opera desde estas dos fuerzas paralelas.

Considera por un momento el sol y la luna. Al principio, cuando los días se crearon, el cuarto día de la Creación —el centro de la semana— era el miércoles. Fue en este día cuando se crearon el sol y la luna. Pero no eran iguales; cada esfera fue imbuida con una energía en particular y, como todos sabemos, una tiene más energía que la otra. La luna es variable y no emite Luz por sí misma, sino que se limita a reflejar la Luz constante que el sol derrama.

Inmediatamente se produjo una batalla por el reinado. La luna quería la misma Luz que el sol. Estas dos poderosas fuerzas comenzaron a pelear por la energía.

¿Cómo se resolvió entonces este conflicto?

El Creador insistió: "No puede haber dos reyes para una sola corona". El Creador dijo al sol: "Debes tener *tu* tiempo, pero no para siempre".

Y luego el Creador se volvió a la luna y le dijo: "Y tú tendrás tu tiempo". Así pues, en el cuarto día de la Creación se decidió que hasta la venida del Mesías, la Era de Acuario, el sol —la energía masculina— reinaría sobre la luna, que es femenina. Hasta ese entonces, la luna sería una Vasija reflejando la luz del sol.

El sol y la luna, la Luz y la Vasija, masculino y femenino. Según la Kabbalah, lo masculino representa el compartir sin fin, es decir, la Luz; y lo femenino representa el recibir, la Vasija.

Quizá aquí saltes y digas: "Eh, esto no es justo. ¿Por qué los hombres son la Luz y las mujeres solamente la Vasija?". Por alguna razón hemos llegado a convencernos de que queremos todos los atributos de la Luz. Pero imagina que te estás muriendo de sed. Ahora visualiza un tubo del que emana agua. Agua, agua que cae por todos lados, pero no hay ningún recipiente para recogerla; el único contenedor que encuentras es un tazón sin fondo. ¿Cuál es el valor de este derrame de agua si el sistema paralelo, la Vasija, no se encuentra allí para sostenerlo y determinar cuánta agua se recogerá? El agua simplemente sigue fluyendo. Lo mismo puede decirse de la electricidad en nuestras paredes: tienes pura energía, en toda su abundancia, fluyendo a través de los cables, pero sin una lámpara o bombilla, no hay luz. *La Luz necesita una Vasija que le dé forma.*

Recientemente viví una experiencia real relacionada con este concepto cuando un electricista vino a mi casa a instalar unos nuevos accesorios.

Habíamos hablado sobre lo que sería más efectivo y él sugirió lámparas que reflejaran luz directamente hacia el techo.

¿Pero eso nos dará suficiente luz?, quise saber.

¿Sabes lo que me dijo? "No podemos ver la luz si no choca con una superficie que la refleje de vuelta hacia nosotros". La pared, en ese caso, sería la Vasija de la luz. Mi electricista no podría haber sido más kabbalístico ni aunque lo hubiera intentado.

Ahora considera mi conversación con el Rav sobre adaptar la Kabbalah a un formato accesible. El Rav estaba más involucrado con la sabiduría teórica, la información abstracta. Él imaginaba el universo y su flujo de energía. Escuchó. Aprendió. "¿Pero qué pasa con la aplicación práctica de ese conocimiento?", continuaba preguntando yo. "Mi vida. Ahora. ¿Qué significa todo esto? No me hables de filosofía, dime si debo despertar mañana del lado derecho o del izquierdo de la cama". Yo le pedí que diera a todo ese libre flujo de sabiduría una forma y una estructura que la pusiera a disposición de todas las personas. Este es el rol de la mujer en relación con el hombre.

Este concepto, de forma un poco más perversa, también me recuerda a la historia de Laván en *La Biblia*. Laván era el hermano de Rebeca y el padre de Raquel y Leá. Pero él era malvado: egoísta, avaro y falso. Era un sinvergüenza mentiroso y engañador, especialmente cuando se trataba de su yerno Jacobo. Como todos los demás, él también poseía una Luz blanca trascendental, pero ésta no estaba contenida dentro de una Vasija: *La Biblia* no le relaciona con ninguna mujer como su esposa. La energía de Laván fluía en todas las direcciones sin un propósito. Se volvió autodestructivo porque le faltaba una Vasija que diera forma a su energía y la encaminara hacia un objetivo válido.

Piensa de qué forma estos principios podrían estar operando en tu vida de pareja.

MASCULINO Y FEMENINO

Debían existir dos fuerzas, dos creaciones en el Mundo Sin Fin. Pero *El Zóhar* —el cuerpo principal de las enseñanzas de la Kabbalah revelado hace aproximadamente 2.000 años en Israel por Rav Shimón bar Yojái— nos enseña que *tal como es arriba, también es abajo*. Todo lo que existía en el Mundo Sin Fin también existe en la tierra. La Luz es la fuerza masculina y la Vasija es la femenina, y este principio se manifiesta en la humanidad así como también en el reino animal y vegetal. De hecho, el hombre y la mujer fueron creados como parte de este mismo sistema; son solamente un aspecto de esos dos universos paralelos, dos fuerzas paralelas.

En Kabbalah, nos referimos a lo masculino como *Zeir Anpín* y a lo femenino como *Maljut*. Éstos son nombres kabbalísticos codificados: *Zeir Anpín es el más*, el que comparte, la energía masculina; y *Maljut* significa el *menos*, el receptor, la energía femenina. A lo largo de este libro me referiré a las mujeres como *Maljut*.

Maljut significa un recipiente, una Vasija. Este mundo físico, nuestro reino, es *Maljut*; el vaso, la mesa, los edificios, la tierra, la luna, el cuerpo. Todos estos elementos son parte del mundo de *Maljut* porque son materia física. Pero, ¿qué es lo que crea u otorga poder a un vaso, una mesa o un cuerpo? El pensamiento, la energía, el alma dentro de ellos. Eso sería *Zeir Anpín*, que significa la Luz. Sabemos, basándonos en la ciencia, que los humanos utilizamos solamente el cinco por ciento de nuestro potencial. Hacemos uso de nuestros sentidos para ayudarnos a comprender nuestro mundo físico de *Maljut*, pero nuestros sentidos no nos dan un panorama preciso o completo de lo que es la realidad. Existe todo un reino para el cual no poseemos herramientas, comprensión ni habilidad de percibir con nuestros sentidos; sin embargo, ese reino —el mundo de *Zeir Anpín*— existe, y de muchas maneras.

Por ejemplo, estos dos sistemas paralelos están representados por el óvulo y el esperma, siendo el óvulo la Vasija. El óvulo es el hogar donde el esperma puede crecer y desarrollarse. En trabajos de fertilización, sabemos que los médicos pueden congelar el esperma y el embrión, pero no pueden congelar un óvulo. Sencillamente es imposible. Cuando pones lo masculino y lo femenino, el *más* y el *menos* juntos, obtienes la mayor creación de este mundo, un niño, una nueva vida. Nada puede imitarlo.

Los dos sistemas también están representados por el cielo y la tierra. El cielo es el que comparte, la tierra la que recibe. Entonces, ¿significa esto que uno es más importante que el otro? Por supuesto que no. De hecho, no puedes tener uno sin el otro. Kabbalísticamente, comprendemos que la tierra crece y se alimenta de la lluvia; el alimento es la energía masculina, ya que el sol y el agua pueden proveer a todo un campo entero, no solamente a un punto único. De la misma manera, un hombre puede engendrar muchos niños en pocos días, pero una mujer generalmente dará a luz a un solo niño a la vez.

Estos dos sistemas también están representados por el alma y el cuerpo. Lo masculino representa el alma, lo femenino representa el cuerpo. De ahí que no sea sorprendente que necesitemos masajes, manicuras, peluquerías y ropa bonita. Nada de esto es negativo. Uno de los elementos que determina cuánta Luz puedes recibir es la calidad de la Vasija, por lo que, como mujer, tienes la necesidad de embellecer esa Vasija. Considera lo que sucede cuando compras un ramo de rosas rojas para tu casa, ¿se te ocurriría alguna vez ponerlo en una caja de cartón? No. Al contrario, considerarías la belleza del florero de la misma forma que consideras la frescura de las flores.

No es casual que lo masculino y lo femenino sean diferentes; operamos en dos sistemas paralelos que funcionan simultáneamente. Nuestros dos sexos son simplemente otro aspecto de la forma en la que este universo está estructurado (lo cual explica por qué no hay tres, cinco o nueve sexos). Lo masculino representa la habilidad de compartir energía. Pero la cápsula, la Vasija que alimenta esa energía y la manifiesta, haciéndola crecer y ser fructífera, es lo femenino. Necesitas Luz para tener una Vasija y una Vasija para manifestar la Luz. Todo lo que vemos en nuestro mundo físico tiene una esencia espiritual. Una vez que la Luz, la esencia espiritual, la energía, se quita de la Vasija, ésta muere. El alma se retira.

¿Pero cómo unes estas dos fuerzas?

5

El Principio de la Bombilla

La humanidad fue creada para unificar estos dos sistemas paralelos. De hecho, es el comportamiento humano el que crea la conexión entre ellos, combinando el Deseo de Recibir con el Deseo de Compartir.

La mejor manera de comprender esta idea es a través a la metáfora de la bombilla.

EL DESCUBRIMIENTO DE EDISON

El Zóhar nos enseña que *tal como es arriba, también es abajo*. Esto significa que las leyes físicas de nuestro universo —como la ley de gravedad— provienen de algún lado: no fueron inventadas, sino que existían desde el principio de los tiempos. De hecho, podemos comprender las leyes más simples de la electricidad como una representación de la Luz espiritual del Creador. Pero antes estudiemos las leyes que permiten que una bombilla brille.

Observa detenidamente una bombilla de rosca antigua (no las halógenas o las fluorescentes) y verás dos polos, uno de signo *más* o positivo y otro de signo *menos* o negativo, y un delicado filamento o alambre que los conecta. El polo positivo provee la energía, es la fuente; mientras que el polo negativo atrae la energía, es el receptor. Imagino que te estarás pensando: "Es lógico: másmenos, darrecibir; listo". Pero la bombilla no funciona de esa manera. Sin ir más lejos, si conectas el polo positivo directamente al negativo tendrás un cortocircuito y probablemente una buena descarga eléctrica, o bien la electricidad continuará fluyendo pero sin dar luz.

El asombroso descubrimiento de Edison fue la necesidad de un filamento que ejerciera resistencia sobre la energía que fluye a través de él, desde el polo positivo al negativo. La Resistencia es lo que crea la luz. Cuando Edison insertó un filamento que rechazaba un poco de electricidad y la enviaba de regreso al polo positivo, la luz se reveló.

¿Qué diferencia hay entre una bombilla de 100 vatios y una de 10 vatios? La respuesta es fácil: la cantidad de energía que el filamento puede soportar, es decir, la Resistencia. Como el filamento de una bombilla de 100 vatios es más resistente que el de una de menor voltaje, la lámpara resplandecerá con más brillo. Por supuesto, la luz de la bombilla de 10 vatios es más tenue por la misma razón.

La Kabbalah da al filamento el nombre de *columna tercera o columna central* (siendo la columna izquierda lo negativo y la derecha lo positivo); este concepto será de gran importancia a medida que avancemos.

Ahora imagina que el filamento se cansa y le dice a la energía: "¿Sabes qué? Me cansé. Venga, pasa a través mío. No lo puedo resistir más". ¿Qué ocurre entonces en la bombilla? Un destello de luz y luego la oscuridad. La nada, el vacío. Decimos que la bombilla se ha fundido.

Ahora piensa en los cables eléctricos que se encuentran tras las paredes de tu hogar, ¿qué es lo que determina cuánta electricidad se revelará? Si la misma potencia viaja por esos cables, ¿quién controla cuánta de esa potencia será utilizada? Ya puede tratarse de una bombilla, de una tostadora o una lavadora; la respuesta sigue siendo fácil: lo que determina la cantidad de electricidad que será utilizada es el equipo. Y si no hay equipo, la electricidad fluirá inútilmente. Una habitación sin una lámpara permanecerá oscura, aun cuando haya electricidad en las paredes. ¿Y qué es el equipo? La Vasija. Los dos sistemas paralelos se necesitan mutuamente para activar sus respectivas fuerzas que son, en definitiva, las fuerzas de la plenitud.

ENCENDER LA BOMBILLA

Relacionemos ahora el Principio de la bombilla con nuestras vidas.

¿Qué es el *menos*, el polo negativo que atrae a la corriente, el "yo quiero"? Igual que con la Vasija original: es nuestro Deseo de Recibir, la tendencia natural que nos motiva a buscar la plenitud y la felicidad.

Ya sea que andes buscando seguridad, ayuda, amor, éxito, una dirección, una relación, sexo, drogas, energía, apoyo, reconocimiento, belleza o buenos sentimientos sobre ti mismo, en todos los casos estás operando a partir de aquel deseo básico: el Deseo de Recibir.

Nuestra Vasija, nuestro deseo, determina cuánta Luz o cuántas cosas buenas aparecerán en nuestras vidas. De hecho, la cantidad de energía que hay en un hogar está determinada por la parte femenina, la esposa. Ella es la Luz de la casa; la capacidad de su Vasija establece los límites de la Luz que ingresará en su hogar.

La Kabbalah denomina *energía de la columna izquierda* o Deseo de Recibir al poder impulsor que nos mueve, tanto a servirnos un vaso de agua como a comprarnos un perfume o un nuevo automóvil. "Los seres humanos no moveríamos siquiera un dedo si no fuera por un deseo interior", escribió en cierta ocasión el gran Kabbalista Rav Áshlag. Nuestro deseo es nuestra Vasija, la copa vacía que constantemente busca ser llenada. No hay límite para nuestro deseo.

Nuestro Deseo de Recibir también se llama "lo negativo", pero no de forma peyorativa. La expresión no indica más que nuestra motivación natural para cumplir tareas, para obtener cosas en la vida. En el átomo, pieza fundamental de la materia física, la parte negativa se ve representada por el electrón.

Entonces, siguiendo con la comparación, ¿qué hay a la derecha?

Sí, el dar, por supuesto. La corriente que fluye, la fuente, la naturaleza de compartir de la Luz del Creador.

A todos nos fascina esta energía. Si te sientes atraída por otra persona —o, en todo caso, por la sabiduría, el dinero, el reconocimiento, o incluso por un nuevo conjunto de ropa—, ¿qué estás buscando? ¿Qué representan todas esas cosas que te seducen? Energía, pura y simple. Te sientes atraída por un vestido, una persona o un CD de música porque son canales que te transmiten energía. Cuando obtienes lo que deseas, te sientes bien, al menos por un tiempo.

A todos nos gusta estar llenos de fuerza y energía de plenitud, que en la Kabbalah llamamos el *más*, la columna derecha o "lo positivo". Repito, esto último no es un juicio de valor. La columna derecha o "lo positivo" simplemente significan el Deseo de Compartir.

Entonces, "lo negativo" es nuestro Deseo de Recibir y "lo positivo" es la energía hacia la que nos sentimos atraídos, el Deseo de Compartir. La energía de recibir y la energía de compartir se manifiestan de muchas maneras. Si tu Deseo de Recibir se orienta hacia un éxito financiero, la energía de tal éxito se manifestará como dinero. Lo mismo sucede con el sexo, el amor, la atención o cualquier otra fuente de energía.

LA NATURALEZA DE LA ENERGÍA

Toda la energía es buena porque procede de una sola fuente. ¿Y cuál es esa fuente? La Luz del Creador, por supuesto. No existe otra batería en este mundo. Sin embargo, la forma en la que recibimos la Luz determina si la energía se manifestará como un cortocircuito, o bien, como una corriente duradera de plenitud.

La energía blanca y la negra son lo mismo, la única diferencia radica en su aplicación. Imagina un individuo poderoso haciendo uso de su energía. Si la dirige a desmantelar compañías, destruir personas, engañar a clientes y accionistas, corromper valores, destruir familias, —si, como Laván, no tiene escrúpulos— está exhibiendo la energía negra. Desdichadamente, la energía de una persona con estas características generalmente está mal dirigida, como causa de no haber recibido apoyo durante su infancia; por eso vive bajo el lema "matar o morir". Piensa en alguien como el multimillonario Howard Hughes, quien tenía muchísimo dinero, pero acabó muriendo de sífilis en la más absoluta soledad. Sin embargo, esa misma persona también podría haber sido un filántropo. Como Bill Gates, él pudo haber creado abundancia, entregado grandes donaciones a la caridad, educado a nuevas personas e inventado un sistema que ayudase a la humanidad. La energía es la misma; la diferencia radica en cómo se la dirige.

Una persona que consume drogas también atrae energía, una cantidad tremenda de energía. ¿Es esta energía en sí misma mala? En absoluto. Pero la forma en que la persona la recibe e interactúa con ella crea resultados negativos.

La energía es energía. Cuando la pones en una Vasija que no tiene un propósito u objetivo inspirador, se vuelve negra. Si la colocas en una Vasija que sí tiene estos propósitos, se vuelve blanca.

Entonces, ¿cómo podemos crear una Vasija blanca?

6

Nos Unimos a la Resistencia

Volvamos a nuestras tres columnas o energías inteligentes dentro de la bombilla. La que se encuentra a la izquierda recibe; la que se encuentra a la derecha está dando. ¿Cuál es, pues, la fuerza central? Es la *restricción*, el poder de resistir el flujo inmediato de energía que va del polo positivo al polo negativo. Eso es lo que revela la Luz.

Según la Kabbalah, la única forma de lograr plenitud es formando parte de este sistema de tres columnas en el cual tienes la oportunidad de transformar tu Deseo de Recibir Sólo para ti Mismo —la atracción gravitacional del "yo, yo, yo"— en Deseo de Recibir con el Propósito de Compartir.

Las leyes del universo son simples. Cada vez que recibes energía Sólo para ti Mismo —cada vez que tomas energía con avaricia y sin aplicar restricción, sin controlar tu Deseo de Recibir, sin dar algo a cambio— comes el Pan de la Vergüenza. Es cierto que recibirás la energía y que te llenará por un segundo, ocasionando la sensación que buscabas, pero luego se producirá un cortocircuito y, en lugar de alegría, encontrarás negatividad y caos en tu vida.

Se trata de una ley básica de la Naturaleza, como la ley de gravedad.

Este mundo está diseñado para que compartamos todo aquello que recibimos. Bill Gates y su esposa, por ejemplo, llevaron a cabo este compartir a gran escala creando una fundación filantrópica para distribuir su vasta riqueza y, a menor escala, creando un hogar y teniendo niños.

En términos kabbalísticos, hacer restricción significa Recibir con el Propósito de Compartir con otros, y no Sólo para uno Mismo. Y ser espiritual significa que estás allí para cuando los otros seres humanos te necesitan, que estás preparado para abandonar la zona de confort y ayudarles. Ahí es cuando la Luz del Creador puede fluir a través de ti y crear milagros en tu vida.

Entonces, ¿qué significa esto en términos prácticos y de la vida diaria?

- "Quiero algo, entonces primero debo dar".

- "Quiero que las personas me escuchen, entonces debo escuchar a los demás".

- "Quiero que se me respete, entonces debo respetar".

- "Quiero ser amado, entonces necesito dar amor".

Cuando sólo te preocupas por ti mismo, el Creador no puede entrar. Después de todo, ya hay alguien que se está ocupando de ti. Sólo cuando te preocupas por los demás, el Creador ve tu necesidad.

PROACTIVO VERSUS REACTIVO

En el Mundo Sin Fin, la Vasija original lo tenía todo excepto la oportunidad de ganarse la Luz que recibía. Estaba enterrada en el Pan de la Vergüenza, lo cual hizo que, como el filamento de la bombilla antes descrita, acabara resistiendo el flujo de la Luz y rechazándolo. Dijo a la Luz del Creador: "Detente. No deseo recibir más hasta que no pueda dar algo a cambio".

Cuando eres *proactivo*, cuando devuelves y resistes el Deseo de Recibir Sólo para ti Mismo, estás imitando este proceso de la Creación.

Sin embargo, pueden darse ciertas situaciones en la vida que te toquen el punto débil y te hagan decir: "¿Ah sí? ¿Y qué hay de mí?". En el momento en que te sientes merecedor de algo, en lugar de ser una causa, una parte de la Luz, te vuelves reactivo a ella, un efecto.

Piensa en tu vida. Cuando te das el gusto de la gratificación instantánea y te comportas de forma egoísta, cuando no haces un esfuerzo, cuando no pones en marcha la energía o asumes la responsabilidad, cuando te limitas a fluir con tu tendencia natural y deseos fáciles, cuando eres vago o lo dejas para más tarde; en este momento ¿estás actuando como la Luz? Por supuesto que no. De hecho, en el lenguaje de la Kabbalah diríamos que te has desconectado de la Luz. Tu comportamiento se está basando en el Deseo de Recibir para ti Mismo, todo gira alrededor del "yo, yo, yo".

¿Qué trae esto a tu vida? Caos y oscuridad.

El propósito de este mundo físico es sacarte de las dos columnas de dar y recibir y, a través de tu libre albedrío, crear la tercera columna. Esta tercera columna representa la idea de ser *proactivo*. Y no es algo físico; es una cuestión de conciencia. Es como el filamento, la resistencia. Tu conciencia ayuda a determinar cuánta Luz puede manejar tu Vasija. Si tu conciencia trata solamente del "yo, yo, yo", entonces tu capacidad para recibir la Luz —tu Vasija— será muy pequeña. Alcanzará sólo para una persona. Pero si estás pensando en ocuparte de todo el planeta, imagina lo grande que puede llegar a ser tu Vasija. Este tipo de conciencia cambia vidas. Sana a las personas y les permite experimentar la verdadera plenitud.

Quizá te estés preguntando: "¿Cómo puedo cambiar mi situación para estar en la Luz?".

De nuevo, la respuesta es muy fácil. La única forma de recuperar la Luz, eliminar el caos y traer plenitud a tu vida es actuando como la Luz. Lo cual significa dar y crear. La Luz no es un receptor, la Luz solamente da. Y ser Creador significa ser la causa, ser el que inicia, ser *proactivo*.

Sin embargo, ser un dador y un Creador puede ser muy difícil. Puede ir en contra de tu natural inclinación a ser *reactivo*, a ser un efecto, a estar solamente del lado de recibir. Ser *proactivo* significa resistir la tentación y tus necesidades más innobles: rechazar el dinero fácil, la mentalidad de obtener algo a cambio de nada, las emociones inconscientes, el ego. Ser *proactivo* significa asumir la responsabilidad y no vivir con una mentalidad de víctima, quejándote continuamente de que el mundo no te trata bien.

Imagina, por ejemplo, que vuelves del trabajo después de un día muy duro y cuando llegas a casa estás hambrienta y cansada. Los niños reclaman tu atención y tu esposo está tan exhausto como lo estás tú; sus calcetines y su ropa interior cubren el piso de la habitación y los juguetes están esparcidos por el suelo de la cocina; además, el correo se está apilando. El agua está a punto de hervir, en más de un sentido. ¿Cuál es entonces la acción *reactiva* a tomar? Pierdes el control. Lloras y gritas, y continúas así aumentando el caos. Ese es el camino fácil.

Si adoptas una mentalidad de víctima, no puedes hacer otra cosa que quejarte. Si lo miras desde la perspectiva de las expectativas, solamente estás creando un expediente en contra de tu esposo al que agregas cosas todos los días (en detrimento de tu matrimonio) sin asumir ningún tipo de responsabilidad. En cualquier caso, estás siendo *reactiva* —un efecto— y, desde ese lugar, la plenitud se ve como un sueño muy lejano.

Pero existe una forma de salir de este embrollo. Recientemente, el Instituto Internacional del Envejecimiento realizó un estudio con personas felices de todo el mundo y encontró algo que todas ellas tenían en común: todas dijeron que tenían el poder de controlar sus vidas, de ser la causa. Cuando vives en un estado que incluye la restricción y el comportamiento *proactivo*, encuentras la plenitud y el control del universo físico.

Entonces, ¿quieres un hogar pacífico cuando llegas a casa? ¿Quieres asegurarte de sentirte cuerda? Si no estás esperando que otra persona resuelva el problema, si tú te haces responsable de ello y te vuelves *proactiva* en vez de *reactiva*, encontrarás 150 formas creativas de mejorar tu vida. Quizá contratarás una persona de 5 a 7 de la tarde para que prepare la cena y haga la transición más fácil. O saldrás a comer o pedirás comida china a domicilio dos veces a la semana. O pedirás a tu vecina que te ayude o contratarás una niñera y te tomarás un respiro con tu media naranja.

Hace poco conocí a una mujer en el Centro de Kabbalah de Nueva York que había sido drogadicta durante cinco años. Sin embargo, después de asistir a tan sólo seis clases en el Centro, no volvió a tocar una droga nunca más. Nunca. Se acabó, para siempre. ¿Cómo? ¿Se sometió a una rehabilitación? No. Simplemente, un día decidió: "No más drogas". Y así fue. Se dio cuenta de que dependía de las drogas para sentirse realizada. "No quería sentirme realizada con cosas temporales por más tiempo", me dijo, "porque después igualmente me sentía vacía otra vez. Y cada vez caía más y más bajo. Entonces decidí cambiarlo. Quería cambiar mi conciencia y crear mi propia realización en lugar de dejar que las drogas lo hicieran por mí".

¿Tuvo que trabajar para realizar este cambio? Desde luego que sí. ¿Lo consiguió sin ningún esfuerzo? Por supuesto que no. Pero la conciencia fue lo que creó la diferencia. Los comportamientos *proactivos* no surgen de forma natural, debes invertir en ellos. Debes darte cuenta de cómo estás reaccionando y entonces aplicar un comportamiento proactivo para llegar a sentirte feliz. Debes tener una visión, traspasar tus fronteras, debes hacerte cargo de tu vida. En el momento en que asumas la responsabilidad, te darás cuenta de que has creado una nueva realidad: puedes tener el control, puedes cambiar tu vida. Pero asumir la responsabilidad puede ser una proposición que aterroriza. La mayoría de nosotros prefiere culpar a alguien. Preferimos decir: "¿Sabes qué? No hay nada que pueda hacer al respecto". Si descubres que puedes tener un impacto, significa que debes dar un paso adelante y cambiar tu vida.

Somos los únicos que podemos limitarnos a nosotros mismos. Nuestra propia conciencia reactiva nos obstaculiza. Cuando estés lista para abandonar tu conciencia reactiva, tendrás un deseo espiritual mayor porque estarás abierta para recibir la Luz que existe en el universo.

7

Pero Hay un Inconveniente

Bien, entonces ahora ya sabes cómo la Luz, la resistencia y la conciencia pueden operar en tu vida. Pero hay un inconveniente.

De vuelta en el Mundo Sin Fin, las dos fuerzas, la de compartir y la de recibir, eran casi iguales. Pero había un problema. La Luz era el Deseo de Compartir infinito. Ésa era la única cosa que la Luz sabía hacer. La Vasija recibía de la Luz, lo cual era bueno ya que ésta —la Vasija— personificaba el Deseo de Recibir. Pero, ¿qué era lo que recibía de la Luz? Junto con otras cosas buenas y maravillosas, recibió el Deseo de Compartir.

Aplicando esto en nuestras preocupaciones terrenales, está claro que el aspecto masculino (o el *más*, o la Luz) es una experiencia relativamente libre. Un hombre tiene una energía singular. Solamente comparte. Esto puede parecerte algo muy poderoso, pero recuerda que la energía masculina es abstracta, amorfa y dispersa, igual que la electricidad que fluye por el interior de la pared sin una bombilla o un dispositivo que le dé estructura.

¿Y qué pasa con las mujeres? Nosotras queremos tenerlo todo. Representamos el aspecto llamado Vasija: deseo. La mujer dice: "Yo quiero y sé lo que quiero. Este es mi deseo. Dámelo". Una mujer puede tener mucho más porque tiene la capacidad, la definición específica y el conocimiento de lo que quiere. Pero en ese deseo, ella no sólo está diciendo "dámelo". Ciertamente, eso también sucede (a veces en gran medida), pero no es suficiente. La mujer también tiene una fuerza dentro de ella que dice: "¿Sabes qué? Yo no puedo quedarme aquí sin hacer nada, tan solo RECIBIENDO. Siento que tengo que hacer algo. Quiero dar. Quiero ganarme lo que tengo".

Las mujeres son mucho más complicadas que los hombres. De hecho, hace poco alguien me mostró una caricatura que ilustraba de forma gráfica este punto. Era un dibujo de una caja de metal. La parte superior decía: "El hombre". En el medio de ésta había un interruptor y una pequeña luz. Eso era todo. La parte inferior decía: "La mujer". Estaba llena de números para marcar, botones, interruptores, luces indicadoras y chismes de todos los tamaños.

La Vasija, lo femenino, es una creación que no está totalmente equilibrada. La mujer no es un solo aspecto, recibir, sino que también es compartir: dos aspectos divergentes en la misma persona. Si deseamos comprender por qué no nos sentimos iguales a los hombres, ésa es la razón. Nosotras tenemos una energía dual, y eso supone el doble de energía para manejar.

Luchar por cuánto podemos llegar a hacer está en nuestra naturaleza. Cuántas veces he escuchado una mujer quejarse: "¿Qué es lo que quieren de mí? ¿Cuánto más puedo cargar sobre mis espaldas?

Trabajo, me ocupo de los niños, preparo la comida, organizo fiestas de cumpleaños y cenas de Acción de Gracias, hago las compras, entreno al equipo de fútbol, pero también necesito tiempo para mí: para arreglarme las uñas, cortarme el pelo y encontrar un vestido para la fiesta para recaudar fondos de mi esposo." Sí, sí, nosotras hacemos todo eso porque está en nuestra naturaleza tanto dar como recibir.

Un hombre puede decir: "Yo sólo sé que voy a trabajar todos los días". Pero una mujer debe adaptarse a un estilo de vida multifacético. Debemos hacer malabarismos porque debemos crear algún tipo de equilibrio entre compartir y recibir.

Sin embargo, lo interesante es que la discriminación contra la mujer que podemos encontrar en el mundo espiritual no proviene de un deseo de negar la igualdad de derechos de la mujer. La razón es exactamente lo opuesto. La mujer no necesitaba orar tanto como el hombre porque posee por definición la energía de recibir y compartir de ese Mundo Sin Fin, desde un tiempo anterior a la Creación del hombre y la mujer. La mujer es un ser innatamente más espiritual. *La mujer nace con un tremendo poder espiritual, mientras que el hombre debe ganárselo.*

Así, lo que parece ser el dilema de la mujer, en realidad, es su ventaja.

8

La Ventaja de la Mujer

Está ampliamente reconocido que la mujer es, por naturaleza, físicamente más resistente que el hombre; cualquier persona que haya visto la película *GI Jane* o haya tenido un bebé no lo pondrá en duda. En el útero, el feto femenino es más fuerte que el de un hombre. De hecho, todos los embriones comienzan siendo mujer al principio de la gestación, pero en algún momento temprano del embarazo, las hormonas masculinas aparecen y hacen un hombre del feto en desarrollo. (En este nivel, todos nosotros somos receptores verdaderos, excepto que nos dividimos en manifestaciones masculinas y femeninas de energía espiritual a medida que el tiempo avanza). Existen más abortos espontáneos de fetos masculinos que femeninos y los niños tienen menos posibilidades de sobrevivir a la infancia temprana que las niñas. Muchas enfermedades como la hemofilia pasan de la madre al niño varón, pero no a la mujer.

Lo que es verdad en el plano físico, lo es también en el plano espiritual: las mujeres son más fuertes, poseen un conocimiento innato. Muchas investigaciones revelan que las mujeres utilizamos regiones más diversas de nuestro cerebro y somos capaces de comprender la comunicación no verbal mejor que los hombres. Se nos ha otorgado el don de ser más intuitivas y, algunos podrán decir, clarividentes.

Poseemos la capacidad de ver cosas más allá de nuestros cinco sentidos, en aquello que los kabbalistas llaman Reino del 99 por ciento. Una madre es capaz de sentir que su hijo está triste, se siente solo o se está lastimando aunque se encuentre a 1.000 millas de distancia.

Estas herramientas se nos han otorgado tanto para alimentar bebés como para alimentar el componente espiritual entre nosotras y nuestros esposos. Efectivamente, fuimos creadas para ser líderes espirituales de nuestro hogar. La mujer es la corona del hombre. Es por eso que la mujer enciende las velas los viernes por la noche: porque es su rol dar la bienvenida a la Luz y permitir su entrada en la casa.

Muchas expresiones hebreas enfatizan esta importante posición: la mujer de valor, la reina de Shabat, la novia de Shabat, la *Shejiná* o el aspecto femenino de Dios. A decir verdad, ésta es exactamente la razón por la que decidí llamar a este libro *Dios Usa Lápiz Labial*. Decimos que la mujer construye y la mujer destruye. Y con esto queremos decir que lo que sucede en el hogar está en sus manos. La esposa gobierna la cantidad de energía que tiene un hogar. Ella es la Luz de esa casa. De hecho, una de las cosas que aprendemos en la Kabbalah es que cuando una mujer no utiliza la energía con el propósito de construir, automáticamente destruye. No existe otra opción.

¿Por qué? Recuerda, las mujeres están sujetas a dos fuerzas que operan simultáneamente: por un lado el compartir, ocuparse de los demás, llegar a mil cosas a la vez, dar, ser la fuerza "causa"; por el otro, la fuerza de ser "efecto", querer, tomar, "yo, yo, yo", la energía de ser víctima. No hay un punto medio.

Sin embargo, las mujeres nacen para ser ayudantes. Ellas comparten de forma natural. Los chimpancés son los parientes vivientes más cercanos a nuestra especie, con un 99% de coincidencia entre sus genes y los nuestros. Aquellos que estudian al chimpancé han descubierto que las hembras de esta especie suelen confiar en sus amigas hembras para asegurar la supervivencia de sus bebés. Somos un género interdependiente que nutre y comparte, especialmente cuando se trata de criar a nuestros bebés. Y nosotros, los humanos, podemos remitirnos a los grupos de juego y a las cooperativas para cuidar niños para probar esto.

Mucha gente parece sentir que la religión en general, y el judaísmo en particular, son machistas, y que limitan el rol de la mujer a la crianza de los niños y el cuidado del hogar. Pero éste no es el caso. De hecho, *La Biblia* es muy clara acerca de la importancia espiritual de la mujer.

9

Sobre Eva

Antes de continuar, debo añadir un comentario referente a *La Biblia*. Aunque el conocimiento de cómo el universo funciona está contenido en la *Torá* (texto conocido también como Los Cinco Libros de Moisés o El Antiguo Testamento), Rav Shimón bar Yojái explica que estas historias no deben ser entendidas de forma meramente literal, sino que son analogías o códigos que representan cómo funciona el universo desde un punto de vista espiritual. Ese código se diseñó con el objeto de que aprendiéramos que para extraer la plenitud debemos mirar en lo profundo. *El Zóhar* se encarga de descifrar esta antigua escritura. De hecho, es un manual que explica, capítulo por capítulo, de qué se trata en realidad cada historia bíblica.

Por lo tanto, *La Biblia* no habla solamente de religión o de lo que está permitido o prohibido. Desde una perspectiva kabbalística, *La Biblia* contiene referencias a los planetas, la astrología, el sol, la gravitación, la raza humana, la reencarnación, a la vez que expone contenidos sobre compartir, sobre el amor y sobre los principios básicos que componen la estructura de este universo. De modo que cuando me refiero a *La Biblia* no lo hago desde el punto de vista de que es una información que debamos "creer", sino afirmando que ésta es la verdad que *sabemos con seguridad*. He aquí el manual del universo.

Una vez dicho esto, concentrémonos en la primera vez que se menciona lo femenino en *La Biblia* y que, por supuesto, ocurre con la creación de Eva. Pero Eva no llega enseguida. En el sexto día de la Creación, Dios decidió que necesitaba una Vasija en la cual pudiera verter toda su energía y su totalidad, por lo que creó a Adán. Adán fue la primera metáfora o persona, y fue creado para ser el viaducto de toda la energía que fuera a existir en el mundo de Maljut, el mundo en el que vivimos.

En el primer momento de la Creación, Adán recibió la totalidad de la energía. Entonces, ¿dónde estaba Eva? Todavía no había sido creada. Dios decidió que se necesitaba un equilibrio entre las energías positivas. Y con ese propósito creó una división entre los dos niveles de existencia. Así dice *La Biblia*: *"Y Dios creó al hombre a su imagen, a la imagen de Dios lo creó; hombre y mujer, Él los creó"*.

De hecho, cada uno de nosotros hoy en día es creado hombre y mujer. En cada hombre hay un poco de mujer (solemos decir que son "hombres conectándose con su lado femenino") y en cada mujer hay un poco de energía masculina. Esto es verdad incluso a nivel hormonal. En los cuerpos de los hombres circula estrógeno y en el de las mujeres, testosterona, aunque en menor cantidad que en el sexo opuesto.

Pero esta energía masculina y femenina se encontraba aún en forma potencial. Si lees *La Biblia* con detenimiento, descubrirás que Adán no se manifestó hasta la segunda semana, cuando el Creador le infundió vida y lo convirtió en un alma viviente. Poco tiempo después de esta creación, se ordenó a Adán que comiera de todos los árboles del Jardín de Edén, excepto del Árbol del Conocimiento del Bien y el Mal. "Si comes de él", le advirtió Dios, "morirás".

Entonces Dios se dio cuenta de que Adán se sentía solo. "No es bueno que el hombre esté solo", declaró. Después de crear las hembras de todas las bestias y pájaros, Dios se dio cuenta de que Adán aún no tenía la compañera adecuada. Entonces sumió a Adán en un profundo sueño; y, de una de sus costillas, el Creador *construyó* a Eva.

Me gustaría profundizar en esta palabra: *construyó*. De hecho, una de las ideas que *El Zóhar* nos enseña es que ninguna de las palabras que se encuentra en *La Biblia* está ahí por casualidad; existe una razón por la que se utiliza cada una de ellas. En hebreo, la palabra *construir* tiene tres significados. El primero es "conocimiento o sabiduría". *El Zóhar* dice que la mujer recibió capacidad adicional para el conocimiento; y con esto no se refiere sólo a la idea de absorber información, sino a la de transformar esta información llevándola a la práctica; se trata de poder procesar, aprender y aplicar ese conocimiento a la vida. El segundo significado de *construir* es "comprender". Y el tercero se refiere al "poder" de construir. Éstos son algunos de los atributos que el Creador le otorgó a la mujer en el momento que "construyó" a Eva.

Dado que Eva fue creada *después* de que el Creador le hubiera ordenado a Adán que permaneciera alejado del Árbol del Conocimiento, ella nunca escuchó la advertencia acerca de comer esa fruta. Entonces, ¿por qué fue ella también castigada si ni siquiera se encontraba en la escena todavía? *El Zóhar* explica que dado que Eva estaba dentro de Adán —el aspecto femenino se creó basándose en puntos de equilibro espiritual—, Eva no podía ser más que Adán en cuanto a su naturaleza espiritual. Ella era su contraparte femenina espiritual, por lo que instintivamente sabía de la advertencia y sabía lo que no debía hacer. Eva comprendía el concepto de las influencias negativas, pero fue engañada por la entidad negativa a la que llamamos serpiente. La serpiente hizo tropezar a Eva, y ella cayó contra el árbol. Y, al no morir Eva, la serpiente le dijo: "¿Viste? Si después de tocar el Árbol del Conocimiento no has muerto, entonces Dios no te matará. Él tan sólo quiere negarte su conocimiento. Ve, prueba la fruta".

¿Acaso no nos resulta familiar este tipo de comportamiento? Engañamos un poquito, y así logramos lo que queremos. Entonces, ¿qué sucede? Que cada vez engañamos un poquito más. Creemos que nunca nos van a descubrir, pero al final acabamos atrapados en nuestras propias telarañas de decepción.

Una vez que Eva probó la fruta prohibida, se la ofreció a su compañero. Por supuesto, Adán fue castigado en el momento en que se reveló ser consciente de su desnudez. Dios lo maldijo y lo expulsó del Jardín de Edén. Según *El Zóhar*, Dios dijo a Adán: "Ahora serás responsable de lo que le ocurra a la próxima generación y a la generación posterior y a todas las generaciones a lo largo de los tiempos, porque has olvidado que el canal de tu energía proviene solamente del Creador". A partir de ese momento, en vez de recibir la generosidad y la Luz de Dios directamente, el hombre tendría que trabajar duro por su alimento con el sudor de su frente.

La era desde Adán hasta el Diluvio Universal se llama la Era de la Negatividad. El mal tomó precedencia a causa de la incapacidad humana para comprender que el hombre era solamente el canal de la energía del Creador. Por lo tanto, utilizaron de forma errónea sus funciones sexuales, creando una negatividad tremenda en el mundo.

¿Qué pasó entonces con Eva? Ella también cayó. Fue degradada, si quieres, y forzada a dar a luz con dolor. Fue convertida en una entidad menor. "Tu deber será tu esposo", dijo Dios, "y él reinará sobre ti". Y de esta forma, la mujer se convirtió en una posesión.

Pero, tal como veremos, esto no quedó así.

10

El Poder de Sará

La situación de la mujer permaneció bastante sombría hasta el tiempo del patriarca Avraham. Según las escrituras, Avraham fue la primera persona que creyó en un solo Dios: que una sola fuerza reinaba sobre este mundo y que todo se encontraba bajo el dosel de este Creador divino. Avraham reconoció que todo aquello que movía al mundo provenía de esa fuente divina y que él, como hombre, era el canal para llevar la Luz a las personas.

Avraham subrayó el hecho de que la mujer era semejante al hombre y que su energía era la misma. Fue el primer líder que colocó a la mujer en un primer plano. Sucedió de esta manera:

Sará, la mujer de Avram, se encontraba en una edad avanzada —ya entrada en la menopausia— y no podía darle un niño a su esposo. Entonces, con estas mismas palabras, le dijo: "Olvídate de mí. ¿Deseas un bebé? Aquí tienes a mi esclava egipcia, Hagar. Hazla tu concubina y ten un niño con ella. Yo criaré al bebé como si fuese mío". Avram siguió las instrucciones de su mujer, pero a partir del momento en que Hagar quedó embarazada, ésta comenzó a faltar el respeto a su ama, Sará. Obviamente, esto trajo problemas, y entonces Sará se quejó a Avram.

¿Cuál fue la respuesta de Avram? "La sirvienta está en tus manos. Haz con ella lo que pienses que sea correcto".

Como era de esperar, Sará fue muy dura con Hagar, quien finalmente escapó y se refugió en el desierto. Allí se encontró con el Ángel de Dios, quien le ordenó regresar a las tiendas de Sará con la promesa de que él protegería su descendencia y la incrementaría. Ella regresó y dio a luz a Ismael. Pocos años después, el Ángel de Dios se presentó a Avraham (cuyo nombre fue alterado para mostrar que su circuncisión había sellado su pacto con Dios) en la forma de tres mensajeros. Éstos le prometieron que Sará tendría un niño. Sará se reía y se preguntaba: "¿Ahora que estoy marchita debo tener placer con mi esposo tan viejo?". Pero el poder del Creador es enorme y ella concibió y dio a luz a un niño: Isaac.

La discordia surgió de nuevo en las tiendas de Avraham. Cuando Sará observó a Isaac jugando con Ismael, le dijo a su esposo: "Echa a la esclava y a su hijo". Ella no quería que Ismael compartiera la herencia de su hijo. Así que, dado que la rivalidad entre las mujeres estaba creando un caos terrible, Avraham, preocupado, se dirigió al Creador.

¿Cuál fue la respuesta del Creador? "No te preocupes por este niño y tu esclava. *Haz todo aquello que Sará te diga*, porque a través de Isaac continuará tu descendencia".

El Zóhar, la sabiduría de la Kabbalah, nos dice que de acuerdo con la ley cósmica, un hombre debe escuchar a su esposa. Seamos o no conscientes de ello, una mujer se encuentra en esta posición: si ella desea que algo ocurra de una manera determinada, tendrá que ser así.

Muchas mujeres experimentan esta dinámica en su vida personal, pero otras no reconocen o no son dueñas del poder que tienen. Esto es lo que sucede muy a menudo con las mujeres que se encuentran en matrimonios con problemas y que acuden a mí en busca de consejo. Tomemos como ejemplo a Myra. "Todo lo que mi esposo dice, se hace", se quejaba, retorciendo un pañuelo humedecido en sus temblorosas manos, mientras lloraba en mi oficina. "Jonathan siempre obtiene lo que desea. Entonces, ¿qué es lo que estoy haciendo mal? ¿Por qué persigue a otras mujeres? Yo le doy todo lo que quiere".

A través del *Zóhar*, podemos ver dónde radica el problema. Jonathan necesita un desafío, no un felpudo. Necesita que alguien se enfrente a él y le diga: "Eh, te estás equivocando".

En casos como estos, pido a la mujer que mire dentro de sí para ver qué es lo que le hace tan servil. Esta actitud necesita ser desafiada. Myra, por ejemplo, tiene que reconocer que debe volverse más dinámica y abandonar el papel de víctima. A pesar de que aún no comprende su responsabilidad en la creación de un ambiente negativo (después de todo, desde su punto de vista, es Jonathan quien la está engañando, y ella le concede todos sus caprichos), ella se ha desconectado de su poder y se ha perdido a sí misma.

Myra debe preguntarse: "¿Qué está tratando de enseñarme la Luz?

Me niego a que siga manejándome a su antojo. Necesito ser una parte igual en esta relación, no una subordinada". Cuando aumente su autoestima y comprenda que la Luz de Dios es tan parte de ella como de cualquier otra persona, que ella tiene la energía y el poder de Sará, entonces comenzará un viaje hacia la transformación y el posible reparo de su matrimonio.

La ventaja espiritual femenina es una realidad. Las madres tienen un deseo innato de compartir con sus criaturas y de mantener un hogar, mientras que el hombre es nómada por naturaleza. La mujer es innatamente más amable y amorosa. Son ellas las que manifiestan el amor. A lo largo de la historia, cuando un problema necesitaba solución a través de la manifestación de la Luz, era una mujer quien traía la solución. En casi todas las grandes crisis, sabemos que siempre ha habido una mujer para corregir el rumbo de los acontecimientos.

Cuando los israelitas estuvieron a punto de ser destruidos por los egipcios, quienes lanzaron al mar a todos los niños primogénitos, Batya, la hija del Faraón, fue quien sacó del agua al pequeño bebé Moisés y lo crió en su hogar como si fuera su propio hijo. Efectivamente, el nombre *Moisés* significa "porque lo saqué del agua". Si no hubiera sido por ese acto de ayuda —el despertar de esta energía en el mundo de Maljut—, el hombre que posteriormente se convertiría en el líder espiritual de Israel habría muerto en Francia y nunca habría habido una semilla a través de la cual la Luz del Creador pudiera revelarse. Esto se manifestó a través de la mano de Batya.

La mayor Luz del mundo siempre ha venido a través de las manos de una mujer. En el Monte Sinaí, cuando Dios dio *La Biblia* al pueblo de Israel, primero se la dio a las mujeres. Probablemente también conozcas la historia de Esther, la heroína de la saga Purim, quien salvó a su pueblo del malvado Hamán en Persia.

Aunque nos referimos a nuestra Biblia como si fuera machista, si la miramos con detenimiento veremos que en todas las circunstancias en las que hubo una falta de Luz, —cuando había oscuridad— un ser o una metáfora que era una entidad femenina, representando el mundo de *Maljut*, apareció en escena y dijo: "Me niego a permitir que mi energía espiritual disminuya. No dejaré que eso suceda". En aquellos tiempos de nuestra historia, encontrarás revitalización y amor naciendo de la capacidad femenina de criar a un hijo. El hijo metafórico necesita ayuda y la madre está allí para proporcionarle esa ayuda suave y amorosamente.

El momento espiritual de mayor influencia ocurrió en el tiempo del Becerro de Oro.

11

Un Punto de Inflexión:
El Becerro de Oro

Situemos el escenario:

Nos encontramos en el Monte Sinaí.

Estos son los antecedentes:

Moisés ha sacado a los israelitas de Egipto, llevándolos de la esclavitud a la libertad, guiándose a través del desierto gracias a una columna de nubes durante el día y una columna de fuego durante la noche, suministradas por el Creador. Finalmente llegan al Mar Rojo.

Pero el Faraón ha ordenado su persecución y los israelitas, atrapados entre el Mar Rojo y el feroz ejército del Faraón, están perdiendo la fe. Asustados, le dicen a Moisés: "¿Por qué nos has traído aquí? Nos has llevado al desierto para que muramos". Con la ayuda del Creador, el mar se abre, separándose en dos, y los israelitas cruzan al otro lado mientras el ejército del Faraón se pierde en las aguas. Miriam, la profeta, hermana de Moisés y Aarón, toma su pandereta y comienza a cantar una canción de alabanza en la costa lejana. Ahora Moisés y los israelitas caminan por el desierto. El Creador les provee el *maná*.

Moisés les guía, enfrentándose también a sus quejas e insatisfacciones: no hay agua suficiente, les aburre la comida. Caminan y caminan y caminan, hasta que llegan al Monte Sinaí. Entonces, ¿qué sucede cuando llegan allí? Que Moisés desaparece. Durante 40 días conversa con Dios en el Monte Sinaí, recibiendo los Diez Mandamientos y la ley. Pero la gente no sabe dónde está. Todo parece indicar que simplemente se ha marchado.

Y de nuevo, las quejas, la inquietud y la rebelión se sienten en el aire. "No tenemos ni idea de qué ha pasado con Moisés", dicen, "quizá no vuelva más. Tal vez se haya ido".

Entonces, los hombres se reúnen alrededor de Aarón y le reclaman: "Haznos un oráculo, un dios que nos guíe". En aquel entonces, todavía prevalecía la adoración a los ídolos. Por lo tanto, en la ausencia de Moisés, la nación de Israel demandó a su hermano que creara algún tipo de estatua a la cual pudiesen rezar. Habían perdido la confianza en el Creador.

Aarón acepta, y les dice a los hombres que tomen todos los aretes de oro de sus esposas, hijos e hijas para fundirlos y crear así el Becerro de Oro.

Este es el momento de inflexión.

Fíjate que Aarón envió a los hombres a quitar el oro a sus mujeres. ¿Por qué tuvo que enviarlos a ellos? ¿Por qué las mujeres no ofrecieron voluntariamente el metal precioso?

El Zóhar nos explica que en aquel momento las mujeres se negaron a participar. "¿Qué prisa hay?", preguntaban, "Moisés volverá. Tengan fe". Las mujeres ni siquiera se reunieron alrededor de Aarón; por ese motivo, los hombres se acercaron a sus esposas y les quitaron todo el oro de sus cuerpos para crear el becerro.

Los sabios de la Kabbalah nos dicen que las mujeres participaron a regañadientes. Ellas no se permitirían a sí mismas ser una Vasija para otra cosa que no fuera la Luz del Creador; y por ello, no aceptaron el Becerro de Oro ni la idea de la idolatría. Hasta ese momento crucial, en el que las mujeres comprendieron y eligieron utilizar su poder, la maldición de Eva todavía pendía sobre ellas, y los hombres las trataban como una pertenencia. La mujer no pudo elevarse a sí misma hasta que no fue capaz de ver que el Becerro de Oro sería una causa de rompimiento del sistema espiritual y que los hombres habían perdido de vista el propósito por el cual fueron creados.

Ahora, las consecuencias.

La Kabbalah nos explica que en este momento la mujer finalizó su corrección. Su trabajo estaba hecho. Lo que Eva no había podido reparar en el Jardín del Edén ya se había logrado. Se terminó todo aquello del "yo, yo, yo", y el "¿ahora qué va a pasarme a mí?". Cedieron el dominio a la Luz, la certeza y la restricción.

Sin embargo, la Kabbalah también dice que como las mujeres ya realizaron su corrección desde ese momento, *los únicos que todavía necesitan corrección son los hombres*. Ellos no podían practicar o llevar a cabo el deseo de restringir. No tenían certeza. Por lo tanto, los hombres deben pasar por muchas más etapas y pruebas que la mujer en el proceso de crecimiento.

¿Qué significa esto para nosotras hoy?

Las mujeres nacen con un tremendo poder espiritual, mientras que los hombres deben ganarse el suyo. *El Zóhar* nos enseña que aun la mujer menos espiritual del mundo tiene el potencial de ser la mejor vidente, lo que significa que tiene la capacidad de ver más allá de las limitaciones de sus propios sentidos. Dios, efectivamente, usa lápiz labial.

¿Y qué significa ser espiritual? Podemos pensar que se trata de leer libros, practicar yoga, meditar o aprender astrología. Pero la Kabbalah nos explica que la espiritualidad es aceptar que nuestra única razón de ser es la de compartir. Nos despierta para que comprendamos que debemos mejorarnos a nosotros mismos. La espiritualidad consiste en ver qué está mal en nosotros, aceptando la idea de que podemos cambiar y después mostrar que verdaderamente deseamos transformarnos. Más que confiar en un ego que dice "yo estoy bien y el resto del mundo es el problema", es la capacidad para decir: "Deseo ver que necesito mejorarme a mí misma y estoy dispuesta a dar antes de recibir".

En el ADN de la mujer continúa estando presente esta fuerza o energía del tiempo del Becerro de Oro, una comprensión del poder de la continuidad, del poder de la restricción, del poder de compartir. Y en ese preciso momento, también se determinó que si no sintonizamos con la energía de la espiritualidad, siempre nos sentiremos extrañas en este mundo. En el momento en que recurrimos a la espiritualidad, nos despertamos.

Ésta es la razón, al menos en el mundo judío, por la que a las mujeres no se les requiere orar. No es porque se las discrimine, sino porque no lo necesitan. Aun cuando nos sea difícil recordar esos momentos de inflexión en el Monte Sinaí, debemos proceder con el conocimiento de que ya hemos realizado nuestra corrección y de que, automáticamente, somos más espirituales que los hombres, para quienes la corrección es una tarea mucho más ardua.

12

Entonces, ¿Por Qué Estamos Aquí?

A estas alturas, debes estar rascándote la cabeza y preguntándote: "Eh, un momento. Si las mujeres ya han realizado su corrección, si todo quedó solucionado con el Becerro de Oro, si ya tenemos certeza, si comprendemos la armonía entre el más y el menos, entre compartir y dar, entre tener un deseo y la restricción (el efecto retardado de la gratificación); si ya hemos aprendido a compartir para recibir, *¿por qué estamos aquí?*".

La respuesta a esta pregunta asombrosa es simple: las mujeres tenemos una responsabilidad especial. Estamos aquí para ayudar a nuestros hombres a realizar su corrección y para ayudar a que la Luz se manifieste en el mundo.

Pero antes de examinar con más detenimiento este concepto, quiero que comprendas que esto no significa que somos superiores a los hombres. No hay un orden "superior" o "inferior" en el ser humano. El hombre y la mujer tienen funciones diferentes, pero inseparables. Utilizando de nuevo la metáfora de la bombilla, la luz brilla porque existe armonía entre la carga negativa y la positiva. Es un sistema integrado en el que una parte no puede funcionar sin la otra.

Sin embargo, cuántas veces hemos escuchado a nuestras amigas, o a nosotras mismas, quejándonos de nuestra pareja masculina: "Es un inmaduro, se comporta como un niño". ¿Por qué utilizamos este lenguaje para describir nuestras relaciones adultas?

Lo que generalmente queremos decir es que los hombres son inocentes e ingenuos de una forma importante. Les faltan ciertas herramientas del entendimiento metafísico. Entonces decimos: "No lo entienden". ¿Por qué? Porque desde el tiempo del Becerro de Oro, el hombre no se ha corregido. No posee el conocimiento espiritual de la forma en que la mujer lo posee. No está en su naturaleza.

Podemos pensar que esto coloca en desventaja al hombre, pero dicha ingenuidad tiene muchos aspectos positivos. Los hombres no llevan la carga ni la responsabilidad que conlleva esa necesidad de dar y también recibir, todo ese tema tan complicado al que las mujeres debemos enfrentarnos. Para ellos, la vida es más fácil. Pero depende de nosotras, las mujeres, dar forma a su energía para que aprendan a utilizar lo bueno y eliminar lo malo, de la misma manera que lo hacemos con nuestros hijos pequeños.

ENCONTRAR LA VERDADERA FELICIDAD

Puede ser que te remontes al tiempo del Becerro de Oro y te preguntes: "¿Cuál es la conexión de este acontecimiento con mi vida actual?". En definitiva, esto sucedió en tiempos bíblicos y yo existo ahora, en el siglo XXI.

Cuando tratamos con temas espirituales, debemos recordar que el tiempo, el espacio y el movimiento no tienen influencia sobre el mundo espiritual. Y el 99 por ciento de nuestro ser es espiritual. No puedes definir el sentimiento de plenitud o felicidad. ¿Es una taza? ¿Es una botella? ¿Puedes medir lo larga, ancha o alta que es tu felicidad? Todos los deseos que tenemos en la vida —la felicidad, el amor, la seguridad, la comprensión— son completamente metafísicos. Pueden existir aplicaciones físicas para estos deseos, pero en esencia son totalmente espirituales.

Esto también se aplica a la ley cósmica. Aunque no estuvimos en persona en el Monte Sinaí para negarnos a construir el Becerro de Oro, tal como lo hicieron las mujeres israelitas, desde aquél momento nuestro rol en el universo no cambió. Según la Kabbalah, todo lo que haya ocurrido en la historia importa muy poco. El rol espiritual de la mujer —*por qué estamos aquí*— es ayudar al aspecto masculino a alcanzar su corrección por sí mismo. Y es en ello donde encontraremos la verdadera felicidad.

¿Cómo se refleja esto en nuestra vida diaria? Desde una edad muy temprana, la mayoría de las niñas tienen prisa por casarse. Muy a menudo nos sentimos vacías mientras somos una mujer soltera, como si nos faltara algo; y deseamos, no solamente a un hombre cualquiera, sino al hombre adecuado. Es como si dijéramos: "Venga, pongámonos a trabajar. Yo vine aquí para cumplir un propósito. ¿Dónde te escondes?".

Sin embargo, en el momento en que encontramos al hombre y nos casamos, decimos: "¿Y ahora qué?". Y así comenzamos la siguiente etapa de nuestras vidas.

La razón por la que las mujeres sienten esta necesidad, que los hombres no experimentan hasta edad más avanzada, no deriva de un reloj psicológico, sociológico o biológico, sino de un aspecto de nuestra alma. Nos pusieron en la tierra con un sentido de propósito.

Los hombres no poseen la misma conciencia. De hecho, los hombres casados en el mundo judío llevan *Tefilín*, filacterias que se colocan en su frente en el momento de la boda. Éstas contienen un trozo de plata, pero la mayoría de los hombres no son conscientes de lo que significa. Les gusta la placa de plata porque perciben que les da prestigio. Pero la Kabbalah nos enseña que este trozo de plata dice: "En el momento en que contraigo matrimonio, acepto el deseo de cambiar y mejorarme". No se trata de prestigio, sino de dar paso a una conciencia que dice que el hombre está operando como uno con su esposa. De la misma forma que Adán y Eva: "Un hombre deja a su padre y a su madre y se junta con su esposa para que puedan transformarse en una sola carne".

¿Y el rol de la mujer? Mejorar al hombre, corregirlo, dar forma a su energía, ayudar en su corrección.

13

Nuestra Otra Mitad

¿Por qué las mujeres debemos corregir nuestro aspecto masculino? Volvamos a ese momento de *La Biblia* en el que se describe a Dios creando a Adán. De nuevo, aquí está: *"Y Dios creó al hombre a su imagen, a la imagen de Dios lo creó; hombre y mujer, Él los creó"*.

La Kabbalah explica que cada alma posee una combinación de un aspecto femenino con un aspecto masculino. Por tanto, cada alma tiene dos mitades: la masculina y la femenina. Esto significa que todas y cada una de las mujeres tenemos otra mitad, una contraparte masculina en este mundo: la otra mitad de nuestra alma. Es lo que llamamos nuestra *alma gemela*.

Ello también significa que el aspecto femenino de nuestra alma, aunque se haya corregido, no se completará hasta que nuestro aspecto masculino también se corrija. ¿Cómo puede lograrse esto? A menudo lleva varias vidas. Efectivamente, al igual que muchas tradiciones espirituales orientales, la Kabbalah enseña que nuestra alma se reencarna una y otra vez, hasta que el trabajo se complete.

R E E N C A R N A C I Ó N

Bajamos a este mundo cuando nacemos; hacemos el trabajo que debemos, llevamos a cabo algunas correcciones, quizá estropeamos algunas cosas y después morimos. En ese momento, nuestra alma abandona el cuerpo y se eleva a un lugar en donde los confines físicos ya no existen. En realidad, morimos por una de estas dos razones: bien porque hemos logrado lo que debíamos lograr espiritualmente en esta vida y estamos limpios y corregidos, por lo que ya no tiene sentido que nuestra alma se quede aquí por más tiempo y entonces vuelve a residir eternamente en la Luz del Creador; o bien morimos porque no hay forma de que logremos la corrección en esta vida y, por lo tanto, cuando el cuerpo no puede servir al propósito del alma de mejorar, cambiar y elevarse, necesitamos un nuevo cuerpo.

Entonces, cuando estamos listos, nos reencarnamos una vez más y se nos da una nueva oportunidad que nos permite continuar con el proceso de corrección. Quizá ese nuevo cuerpo nazca en Afganistán y no en la Ciudad de Nueva York o Los Ángeles; quizá esta vez seamos científicos brillantes y no artistas muertos de hambre. De hecho, renacemos de esta forma, una y otra vez, hasta que nuestras almas alcanzan una forma purificada.

Sin embargo, la Kabbalah también enseña que el alma femenina tiene una particularidad: no puede ser forzada a encarnarse y bajar a este mundo. Es una elección que ella hace. Ni siquiera Dios puede forzarla a encarnarse de nuevo, ya que como mujer, ella ya ha alcanzado su corrección desde el tiempo del Becerro de Oro. Esto significa que la mujer no tiene su propio karma, no posee un propósito con el cual trabajar los aspectos negativos de su propio ser, como son el odio sin razón, los celos, la arrogancia o la ira. Por lo tanto, existe una razón diferente por la que un alma femenina baja a la tierra. No es que se esté aburriendo allá arriba y no tenga nada mejor que hacer. Nosotras elegimos bajar.

Pero, ¿cuál es la causa?

Una mujer elige encarnarse, —volver al mundo de Maljut— con el propósito de asistir al aspecto masculino de su alma en la tarea de corregirse.

Puede que estés mirando a tu esposo y, mientras te rascas la cabeza, te preguntes con desconfianza: "¿Qué yo me ofrecí voluntaria por él? ¿Cómo puede ser esto?". Muchas veces sentimos las cosas de este modo porque vivimos en un mundo fragmentado, donde no es fácil conectarnos con nuestro sentido de la espiritualidad. Pero nuestras almas aún pueden sentir nuestro propósito y el auténtico motivo de la atracción.

O tal vez te preguntarás: "¿Cómo es posible? No siempre encontramos nuestra pareja en esta vida. Algunas mujeres nunca se casan, ni siquiera lo desean; otras eligen compartir su vida con otra mujer. ¿Dónde está el aspecto masculino de sus almas?".

Pero aquí estamos hablando del cosmos, de una visión más amplia. Cuando observamos las razones de cómo opera este universo, está muy claro que cada alma posee dos aspectos: el masculino y el femenino. La *Torá* dice que con frecuencia la mujer debe esperar mucho tiempo antes de que su alma gemela masculina cree un ambiente espiritual adecuado para ella. Las dos partes del alma no bajan necesariamente al mismo tiempo a este planeta, por lo cual puede haber una gran diferencia de edad cuando se reúnen. Muchas veces, incluso, una mujer mantiene una relación con otra persona hasta que su alma gemela está lista para ella. Lo vemos claramente en el ejemplo de David y Batsheva: Urías, el primer esposo de Batsheva, le fue otorgado a Batsheva hasta que llegara el tiempo en el que ella debía unirse a David.

En efecto, no siempre es necesario que una mujer se case con su verdadera alma gemela. A menudo debe casarse para cumplir su trabajo, pero otras veces no. En realidad, si las almas están predispuestas con muy buena suerte, o han trabajado lo suficiente en sus objetivos espirituales, se les permite casarse. Ésta es una verdadera unión entre almas gemelas, en la que cada una de las almas ha sido parte de la otra durante toda la eternidad.

PARTE II

HERRAMIENTAS KABBALÍSTICAS

Primero una Palabra Sobre . . .

Y aquí finaliza mi tarea de compartir contigo la sabiduría *del Zóhar* en lo que respecta a la mujer. Mientras leías, probablemente pensabas como la mayoría de las mujeres: "Esto es interesante, profundo. Puedo ver que tiene bastante sentido, pero ¿qué puedo hacer con esto? ¿Cómo puedo aplicarlo en mi propia vida?".

Precisamente de eso se trata la Parte II.

Lo que sigue es una serie de herramientas kabbalísticas que te ayudarán en tu camino espiritual de transformación.

Detrás de muchas de estas herramientas se encuentra el tema de cómo desarrollar y mantener relaciones llenas de significado. Lo he hecho a propósito. ¿Por qué?

1

La Herramienta Kabbalística Número Uno
Son las Relaciones

Si nuestras relaciones cumplen el propósito

que la Luz pretendía, se volverán

maravillosas oportunidades para el crecimiento

y la transformación espiritual.

Según la Kabbalah, todo lo que te ocurre en la vida sucede por una razón, aunque en el momento no veas cuál es su significado. Aunque puedas entender esta afirmación desde un punto de vista intelectual, si miras con honestidad tu vida, probablemente descubras que no actúas como si un designio hermoso se encontrara detrás de cada acontecimiento. La mayoría de las personas piensa que sus experiencias son mayormente coincidencias del azar. Sin embargo, según la Kabbalah, las coincidencias no existen. Todo está predeterminado.

Partiendo de esta verdad, cada desafío al que te enfrentas en la vida forma parte de un diseño *cuyo propósito es ayudarte a crecer y cambiar.* Cuanto más complicada sea la dificultad, mayor será la oportunidad que la vida te ofrece de reparar tus comportamientos para que así te conectes con la Luz. Esto es cierto incluso en las peores situaciones. De hecho, cuanta más negatividad hay en una interacción, mayor es el potencial para revelar Luz.

En tal caso, en tus idas y venidas diarias, ¿cuáles son las experiencias que te proporcionan el mayor potencial de transformación hacia la Luz? ¿Cuáles te ofrecen la mayor oportunidad de dar y recibir? Aquellas que ocurren en tus relaciones, por supuesto.

Observa tu vida y verás que la mayor parte de los desafíos a los que te enfrentas derivan de tu interacción con otros. Tu vida está llena de relaciones: con tus padres, hermanos, amantes, cónyuges, hijos, nietos, tíos, primos, amigos, vecinos, colegas, jefes, empleados, el cartero, la niñera, tu médico, tu jardinero . . . Tú lo nombras; si forma parte de tu vida, implica una relación.

Sin embargo, en este libro nos centramos en las relaciones íntimas, es decir, en esposos o parejas, porque, como ya hemos visto, estos hombres importantes en nuestras vidas son nuestra otra mitad, la Luz de nuestra Vasija, aquellos por quienes hemos decidido dar el paso y reencarnarnos.

Supón, por ejemplo, que te encuentras una y otra vez en el mismo drama en cuanto a las relaciones: te sientes continuamente atraída por hombres no disponibles (o casados) o por hombres con quienes tiendes a ser autoritaria y dominante. La razón es simple: *Aún no has aprendido una cierta lección que la vida te está presentando.* Cuando miras las relaciones desde la perspectiva kabbalística, tendrás una experiencia distinta de ellas y podrás hacer los cambios necesarios para tu transformación.

Comprender esto es la herramienta clave para desarrollar una actitud positiva, porque significa que puedes dejar de culpar a otras personas por lo que te sale mal, es decir, que puedes dejar de ser un efecto para convertirte en una causa.

Una vez di consejo a una pareja, Mike y Rosemary, quienes obviamente se amaban uno al otro pero que tenían una dificultad para comprometerse. Ambos eran extremadamente independientes. En seguida percibí que tenían miedo de perder lo que ellos llamaban "libertad". Mike culpaba a Rosemary y Rosemary culpaba a Mike, pero ambos eran reacios a zambullirse de lleno en el amor.

Ésta no era la primera vez que el tema del compromiso se había convertido en un problema para ellos. Antes de conocerse, ambos habían estado con otras parejas un tanto introvertidas y cerradas emocionalmente. "En esta ciudad, las mujeres tienden a ser frías e independientes", me dijo Mike, dando a entender que el problema no radicaba en él sino en las mujeres con las que salía. En otra ocasión, Rosemary hizo un comentario similar sobre los hombres que había conocido.

Por supuesto, el conjunto de parejas potenciales entre las que elegimos una nunca es el problema real. Todo lo contrario. En realidad, nos sentimos atraídos por aquellos que revelan temas no resueltos de nuestras propias vidas, el *Tikún* que hemos venido a corregir en la tierra. Aquellos por los que nos sentimos atraídos vibran generalmente a nuestra misma frecuencia y, por lo tanto, son como nosotros, aun cuando parezcan diferentes a simple vista.

Expliqué esto a Mike y Rosemary, y les dije que ambos estaban en el mismo barco. Ninguno de ellos quería comprometerse porque hacerlo significaría revelar miedos que estaban escondiendo, no sólo a los demás, sino también a ellos mismos. Ninguno de los dos estaba listo todavía para aceptar la responsabilidad por sí mismo y volverse *proactivo*, sin mencionar la responsabilidad de aceptar todos los asuntos que conlleva el comprometerse en una relación.

Inconscientemente, ambos necesitaban encontrar personas cerradas emocionalmente para no correr el riesgo de exponer sus miedos o llevar a cabo el tremendo trabajo que supone el implicarse íntimamente con otra persona.

Mientras trabajaba con Mike y Rosemary, vi claramente que ambos tenían dificultades para confiar en otros, confiar en sí mismos y, en definitiva, confiar en la Luz. Ésta era la raíz de sus problemas y la razón por la cual seguían atrayendo a personas que mostraban esa falta de confianza en la superficie.

Una vez que Rosemary y Mike se volvieron profundamente conscientes de su situación y de sus propios patrones, comenzaron a abrirse el uno al otro de una forma que nunca antes había sido posible. Dejaron de intentar cambiarse el uno al otro y, en cambio, comenzaron a comprender su propio miedo al compromiso. A pesar de que su relación finalizó un año después, sirvió para ayudar a esta pareja a crecer. Aun cuando no se aclararon todos los motivos de su desconfianza de una vez para siempre (ésa puede ser para algunos la tarea de toda una vida), ambos gozaron de un período de intimidad que nunca habían experimentado en relaciones anteriores. La separación ocurrió sin resentimiento, porque Mike y Rosemary finalmente se comprendieron y respetaron el uno al otro. Ninguno de los dos se sintió víctima; lejos de ello, ambos se dieron cuenta de que funcionaban mejor como amigos que como amantes, por lo que tomaron la decisión mutua y *proactiva* de finalizar la relación romántica.

Recientemente, Rosemary conoció a una persona excepcionalmente abierta, con un gran corazón y una naturaleza generosa. Evidentemente, Rosemary ya no está atrapada en su viejo patrón de atracción de hombres emocionalmente distantes. Ella aprendió lo que debía aprender de sus dificultades con Mike y pudo, como resultado, elevarse a sí misma. Nunca se hubiera podido conectar con un hombre como éste en el pasado, pero una vez que estuvo lista, él apareció.

Si aún no has encontrado tu pareja para toda la vida, creo que también tú puedes hallar a esa persona si realizas el trabajo necesario en ti misma. Éste puede incluir:

- Aprender a tomar decisiones en la vida que tengan el efecto de aclarar y no nublar tu visión.

- Aprender a volverte *proactiva* en vez de reactiva.

- Aprender a compartir más que a Recibir Sólo para ti Misma.

- Aprender a practicar la restricción.

Consecuentemente, en las páginas que siguen te presentaré muchas formas hermosas de conectarte con la Kabbalah y utilizar su sabiduría, en especial si se trata de obtener mejoras radicales en tus relaciones.

La Kabbalah nos enseña que estamos en un viaje espiritual; nos dice que la vida tiene un objetivo maravilloso que finalmente alcanzaremos.

El propósito de cada una de nuestras relaciones es ayudarnos a llegar a nuestro destino. Cuando aprendemos a mirarlas de esta forma, comprendemos los preciosos dones que contienen y comenzamos a viajar más rápidamente por nuestro camino.

Si nuestras relaciones cumplen el propósito que la Luz pretendía, se volverán maravillosas oportunidades para el crecimiento y la transformación espiritual.

2

Reclama Tu Poder:
La Herramienta de Compartir

Debes preguntarte:

"En mi viaje a lo largo de la vida,

¿cuánto bien he hecho?".

Marion Preminger nació en un castillo de cuento de hadas en Hungría y se crió como una princesa. Conoció a Otto Preminger en Viena. Se casaron y se mudaron a Los Ángeles, donde Otto inició su carrera como director cinematográfico. Él se volvió rico y famoso, y juntos formaban una de las parejas más admiradas de Hollywood. Pero el estrés de vivir a máxima velocidad, acabó cobrando peaje a Marion, quien tuvo que luchar contra sus adicciones al alcohol y a las drogas, y acabó siendo muy conocida por sus aventuras.

Cuando Otto finalmente se divorció de ella, la vida de Marion colapsó completamente. Intentó quitarse la vida tres veces sin éxito. Finalmente, Marion abandonó California y regresó a Viena. Allí conoció a Albert Schweitzer, el legendario médico, músico, filósofo, teólogo y misionario, quien se hallaba de visita en casa procedente de su hospital en África.

Marion quedó fascinada por Schweitzer, y durante el resto de su visita por Europa, compartió todos los días con él. Cuando llegó el momento en que Schweitzer debía volver a África, ella le pidió que le dejara acompañarlo y él aceptó. Marion pasó el resto de su vida en el Hospital Lambarene en Gabón, vaciando orinales, cambiando vendajes y bañando leprosos.

En su autobiografía, *Todo lo que quiero es todo*, Marion escribió: "Albert Schweitzer dice que hay dos tipos de personas. Existen los ayudantes y los no ayudantes. Agradezco a Dios que me haya permitido convertirme en un ayudante; al ayudar, encontré todo".

* * *

Si te pasas la mayor parte de tu vida persiguiendo algo que no responde a tu más íntimo deseo de plenitud, al final te sentirás vacía e infeliz. Tú estás hecha tanto de cuerpo como de alma. Por lo tanto, si sólo trabajas para satisfacer tus deseos físicos, —los de tu cuerpo— e ignoras las necesidades de tu alma, estarás matando este aspecto tan importante de tu ser.

Todo lo que es material desaparece, por lo que es imposible que nos pueda aportar una satisfacción duradera. Por supuesto, es maravilloso vivir en una casa hermosa y tener bonitas joyas y automóviles lujosos. No estoy sugiriendo que no debas querer estas cosas ni que debas seguir el ejemplo de Marion Preminger e irte de peregrinación a África. Simplemente estoy diciendo que debes preguntarte: *"En mi viaje a lo largo de la vida, ¿cuánto bien he hecho?"*. Recuerda, la Kabbalah enseña que las mujeres son criaturas complejas: somos, por naturaleza, tanto receptoras como dadoras.

Existe una ley judía que prohíbe la destrucción de cualquier árbol frutal que crezca en tu propiedad. Ésta, en realidad, es una bella instrucción espiritual acerca de cómo debes vivir tu vida. Puedes ser hermosa, puedes tener en tus manos muchas herramientas increíbles y millones de personas pueden amarte, pero si no te has dedicado a crear alguna cosa especial para otro, entonces todo lo que has recibido será para nada. Esto es lo que un árbol frutal simboliza: debes compartir de ti mismo de forma que mejores permanentemente la calidad de vida de este mundo. Sólo podrás obtener una plenitud profunda y duradera si tu alma está alimentada, y el único alimento que satisface al alma es el que proviene de compartir incondicionalmente.

Se dice que el Deseo de Recibir Sólo para sí Mismo es la raíz de todo mal. La Vasija original en el Mundo Sin Fin experimentó el Pan de la Vergüenza con una gran incomodidad, y esta es una de las enseñanzas básicas de la Kabbalah que se aplica tanto a tu vida de individuo como a tus relaciones. Dedicar mucho tiempo a concentrarte en ti misma — la atracción gravitacional del "yo, yo, yo"— es la semilla de todos los problemas. Si tus pensamientos y acciones se enfocan solamente en tus necesidades, o en todo aquello que puedes obtener de una situación, entonces estás operando desde la perspectiva de la carencia. Está muy claro que esto nunca puede llevarte a la felicidad y la plenitud. Recuerda, cuando te preocupas por ti misma, el Creador no puede entrar. No hay espacio para Él, porque ya hay alguien que se está ocupando de ti.

El sentimiento de que se te debe algo y el acto de quejarse son dos indicadores claros de que estás enterrada en el Pan de la Vergüenza. Tú eres el efecto, estás recostada esperando que alguien te dé. Piensas que te lo deben. Has hecho que otra persona sea la fuente de tu felicidad, y cuando esa persona no llena tus expectativas o deseos, lloras, te quejas y gruñes. Sin embargo, en realidad, sólo tú puedes ser la fuente de tu propia felicidad.

Además, sólo cuando te preocupes por otros —cuando realmente te preocupes por sus necesidades— el Creador podrá ver *tus* necesidades. Tu preocupación por otros llenará el tiempo que le dedicabas a tus propias inquietudes. Al transformar el Deseo de Recibir Sólo para ti Misma en el Deseo de Recibir con el Propósito de Compartir, te conectarás con el Creador y tu vida se transformará.

La Kabbalah enseña que tienes la oportunidad de elegir: bien utilizas la fuerza extraordinariamente poderosa del deseo de una forma destructiva, o bien puedes darle un giro y utilizarla para que se convierta en pura Luz.

¿Recuerdas la metáfora de la bombilla? Tú generas Luz cuando "restringes" o pones freno a tus reacciones negativas y egoístas habituales y permites que surja tu naturaleza *proactiva* de compartir. Esto no significa que debas reprimir tus sentimientos. Es simplemente una cuestión de volverte consciente para poder liberarte un poco del poder que ejercen sobre ti, dejando que tu otra parte —la naturaleza de compartir de la Luz— se revele con toda su luminosidad y gloria.

Si tú y tu pareja disfrutáis del propósito más elevado de compartir con el mundo —si ponéis vuestra energía en algo fuera de vosotros mismos que valga la pena— entonces vuestra relación florecerá. Cuando te conectas con la Luz, traes felicidad y vitalidad verdadera a tu vida. Éste es el hermoso resultado de compartir incondicionalmente, porque transforma tu esencia en la del Creador. Cuando compartes, creas un circuito a través del cual todos los dones que se te han otorgado, incluyendo el don de tu relación, fluyen en un ciclo continuo. Tu vida entonces se vuelve verdaderamente rica y sientes apreciación por todo lo que tienes.

Si, por el contrario, recibes sin compartir, el resultado es el estancamiento. De la misma manera en que el agua estancada se pudre, la energía de la Luz se estanca cuando su flujo se ve bloqueado. No hay nada malo en recibir, se supone que debes recibir; pero, si no compartes, entonces todo aquello que recibas estará limitado y no te satisfará.

Cuando compartes creas un circuito de energía de amor, y la Luz del Creador, que entonces entra en tu vida, os protege a ambos y os otorga un nivel de satisfacción y de plenitud que nunca podrás recibir si intentas agarrarte a la felicidad centrándote sólo en ti mismo. Si basas tus relaciones en compartir incondicionalmente, el vínculo que se creará entre tu pareja y tú será el más grande de todos los dones.

3

Haz Algo Incómodo:
La Herramienta del Esfuerzo

En el fondo, son tus mayores

desafíos los que te

brindan los mayores regalos.

Por supuesto, nadie dijo que esto iba a ser fácil. De hecho, muchos estudiantes de Kabbalah preguntan por qué es tan trabajoso progresar en la vida, particularmente en las relaciones. ¿Por qué es tan difícil?

La razón muchas veces les sorprende.

En realidad, no queremos que sea de otra manera. Hay algo en la naturaleza humana, una aversión al Pan de la Vergüenza, que nos hace querer ganarnos todo aquello que recibimos. Disfrutamos del desafío. ¿Podrías disfrutar del golf si acertaras en el hoyo cada vez que golpearas la pelota? ¿Dónde estaría la diversión? Perderías el interés en el juego rápidamente.

A menudo me gusta contar una historia sobre Bonnie, de la impopular pareja de criminales Bonnie y Clyde. En esta historia, Bonnie es asesinada en el famoso tiroteo estilo "era de la Depresión". Entonces ella llega al cielo y se encuentra a alguien que la recibe en la puerta, supongamos que se trata de un ángel. Él está allí para dedicarse a ella y para servir a todas sus necesidades.

"¿Qué te gustaría?", le pregunta amablemente.

"Me gustaría ir al sur de Francia en un yate privado", responde Bonnie, "y me gustaría tener personas a mi servicio".

"Hecho", dice el ángel.

En un abrir y cerrar de ojos, Bonnie está cruzando el Mediterráneo, rodeada de sirvientes que atienden a todos sus caprichos. Pero al final de la primera semana en la Riviera, ella ya está aburridísima. Llama a su ángel: "Ya he tenido suficiente de esto", se queja. "Necesito algo más emocionante. De hecho, preferiría robar bancos".

"Bueno", le responde el ángel siguiéndole el juego. "¿Qué banco? ¿Qué ciudad? ¿A qué hora?". Se sientan y planean el atraco.

Bonnie llega al pueblo a la hora señalada. ¡Menuda sorpresa!; las puertas del banco se encuentran abiertas de par en par. De hecho, la caja fuerte la está esperando con ansia, lista para soltar sus riquezas. Los cajeros le entregan el dinero con una sonrisa. Ni siquiera hay un guardia para detenerla. Puede salir de allí sin que se despeine un solo cabello de su cabeza. No hay ansiedad, no hay preocupaciones.

Bonnie se pone furiosa. "Espera un momento", le dice al ángel. "¿Dónde está la persecución? ¿Dónde está la policía? Esto es muy fácil. ¿Dónde está el desafío?".

"Perdona" responde éste, "pero aquí no existe ningún desafío".

"Bueno, entonces ¡odio este lugar!", exclama Bonnie. "¡No hay acción, nada que me satisfaga! No quiero quedarme en el Cielo. Envíame al infierno", le exige.

"¿Y dónde te crees que estás?" le pregunta el ángel.

* * *

Al relatar esta historia, no estoy de ninguna manera perdonando el robo de bancos. Lo que quiero transmitir es que aunque es posible que te quejes de tu lucha, cuando finalmente comprendes el proceso en el cual te encuentras, te das cuenta de que todo es como debe ser y que no te gustaría que fuera de otra manera.

El esfuerzo es una expresión de profundo deseo del alma. Realizar el crecimiento emocional y espiritual de manera adecuada requiere un arduo trabajo. Así que ten confianza si tu relación es una lucha. Con conciencia y perseverancia puedes cambiar la forma en la que te relacionas con tu pareja; y por haber trabajado duramente en ello, disfrutarás mucho más de tu relación.

En el fondo, son tus mayores desafíos los que te brindan los mayores regalos. Si estás luchando por tu relación, recuerda que se te está presentando una gran oportunidad para obtener felicidad. Pero si enfrentas tus dificultades desde la perspectiva de ser una víctima: si caes en ser reactiva, en creer que te deben algo o en gritar "yo, yo, yo", entonces no experimentarás ningún crecimiento.

Mira en tu interior; sé honesta contigo misma. ¿No estás en realidad creando tus dificultades? Al trabajar en ti misma y transformar ese rasgo negativo de tu carácter, precisamente el que te ha llevado a esa situación, eliminarás la necesidad de volver a experimentar esa situación en el futuro.

Para llegar a ser una persona verdaderamente plena, debes estar preparada para someterte a todo tipo de pruebas. Sin la presión, sin la lucha, sin el trabajo, es imposible transformarte. Sin lucha no hay recompensa. Todos somos como trozos de carbón: si simplemente extraes el carbón del suelo, su naturaleza no cambia; debes aplicar miles de kilos de presión para transformarlo en un diamante.

El trabajo de evolucionar espiritualmente es inherentemente difícil. Nuestro objetivo es crecer y cada vez que caemos nos levantamos y continuamos. Nos encontramos en una batalla constante con la parte negativa de nosotras mismas. Pero cada vez que nos resistimos a la negatividad, nos conectamos nuevamente con la Luz y somos recompensados con la capacidad para brillar.

4

Cómo Leer los Signos:
La Herramienta de la Astrología

—

La clave es recordar que siempre hay mucho más en una persona de lo que se ve a primera vista.

Comprender el signo de una persona es comprender su naturaleza.

La Kabbalah ha estado utilizando la astrología como herramienta durante 4.000 años. En el *Sefer Yetzirá o Libro de la Formación*, escrito por Avraham el Patriarca, se dice que los planetas de nuestro sistema solar son dispositivos que imprimen la naturaleza espiritual de una persona en el alma. Tu alma fue la responsable de determinar el momento más propicio para tu nacimiento. También eligió la alineación específica de los planetas que influirían en su encarnación.

¿Cómo ayuda esto en tus relaciones? Es simple. Si sabes que las configuraciones planetarias influyen en el temperamento de tu pareja, estarás menos tentada de culparlo. ¿Significa esto que él no es responsable de su comportamiento? Por supuesto que no. Sólo significa que el estilo de su personalidad expresa las "cartas que le han tocado jugar". La buena noticia es que, conociendo su signo, puedes trabajar con su personalidad en lugar de trabajar contra ella. La vida fluye mucho más fácilmente cuando se vive en armonía con el temperamento astrológico.

Cuando el Rav y yo nos casamos, muchos aspectos de nuestra relación suponían un desafío. Sin embargo, se volvieron más fáciles de manejar una vez que comprendí cómo su signo astrológico influía en su carácter.

Mi esposo es Leo, un signo que necesita mucha atención y cuidado. Si quieres obtener algo de una persona Leo, debes hacerle cumplidos y decirle lo maravillosa que es. Esto puede parecer adulación o manipulación, pero no lo es. Por el contrario, es una forma de burlar lo negativo y de sacar los aspectos positivos de tu pareja.

Leo es uno de los signos de fuego que son conocidos por enfadarse con facilidad (los otros dos signos de fuego son Aries y Sagitario). Las personas de Leo también tienden a tener problemas con su ego. Por lo tanto, no es inteligente que nos confrontemos al ego de nuestra pareja Leo diciendo, por ejemplo: "Cuando estabas hablando con esa pareja, no siempre escuchabas el punto de vista de la mujer". Es mejor si primero enfatizas sus puntos fuertes: "Ha sido increíble cómo has ayudado a esa pareja con su problema". Permite a tu Leo disfrutar de su gloria y luego, mientras lo hace, puedes agregar: "Ah, y dicho sea de paso, hay una cosa que podrías haber manejado de forma un poco diferente".

Si tu pareja es de un signo de aire (Géminis, Libra o Acuario), es capaz de llevar a cabo varias tareas al mismo tiempo. Los signos de aire son activos y se impacientan fácilmente. Están acostumbrados a hacer las cosas tan rápido, que antes de haber cerrado un asunto ya están trabajando en el siguiente. Si vives con uno de ellos, sabes de lo que estoy hablando. Debes permitir que esta parte de la naturaleza de tu pareja florezca, o tendrás un hombre deprimido en tus manos.

Los signos de tierra (Tauro, Virgo y Capricornio) pueden tener dificultades concretas con los signos de aire. Su naturaleza es generalmente más lenta, lo que causa un choque de estilos que puede fácilmente llevar al conflicto. Pero no tiene que ser de esta manera. Repito: la tolerancia es la clave. Al reconocer que todos tenemos naturalezas diferentes, el signo de tierra puede desarrollar una actitud de aceptación de la pareja del signo de aire. Simplemente, aprecia su capacidad para ser veloz realizando las tareas y dale la libertad para llevar a cabo los proyectos que ama y que necesita hacer. Si te adelanta velozmente, no lo detengas. El signo de tierra puede alcanzarlo en su buen momento, sabiendo que tiene sus propios puntos fuertes y que éstos son diferentes y complementarios.

Cuando tu pareja de signo de aire haya finalizado sus actividades frenéticas, déjale darse el lujo de recostarse en el sofá y no hacer nada. Ésta es la forma en que se vuelve más creativo. No tires de los hilos de su cometa. Déjale que remonte vuelo, eso creará una gran diferencia en tu relación.

Algunos signos son típicamente más sensibles que otros, especialmente los signos de agua (Cáncer, Escorpio y Piscis). Las personas de Cáncer se sienten rápidamente agredidas, por eso lo peor que puedes hacerle a un Cáncer es criticarlo directamente. No digas: "Estás siendo poco considerado cuando . . .", en vez de ello, apela a su empatía: "¿Puedes imaginar lo mal que me siento cuando haces esto?" o "¿Sabes cuánto te amo y cuánto me molesta cuando suceden este tipo de cosas?". Provocarás una respuesta totalmente diferente de una persona de Cáncer si lo enfrentas desde la compasión y no desde la confrontación. Este signo no se puede negar a la perspectiva de "cómo me haces sentir" porque coincide con su propio maquillaje emocional. Coincidir con el estilo de tu pareja de esta manera es una sencilla técnica que puede mejorar tu relación de la noche a la mañana.

Dado que es un signo emocional, los Cáncer tienen muchos altibajos. Nunca discutas con un Cáncer que esté enojado o deprimido, simplemente no funcionará. Lo mejor que puedes hacer es irte, darle espacio y dejar que piense sobre ello y esperar que regrese. Entonces tendrás quizá la oportunidad de aclarar las cosas con él. Si te refieres a un tema de modo crítico o con impaciencia, lo único que obtendrás es una pareja hostil.

Estos ejemplos demuestran los beneficios de conocer los rasgos astrológicos de tu pareja. También es muy útil conocer tu propio signo y sus puntos fuertes y débiles. Si quieres reconectar con la Luz, debes detener a tu naturaleza reactiva cuando sale a la superficie. La astrología te ayuda a ser consciente de tus tendencias reactivas, lo que te facilita trabajar con ellas. Además, cuando conoces tus propias fragilidades más íntimamente, te vuelves más compasivo contigo mismo, que es un modo muy importante de desarrollar la paciencia y el amor por los demás. Yo solamente puedo dar una pequeña introducción a la astrología aquí, pero hay muchos recursos que puedes utilizar si deseas aprender más. Sugiero que prestes especial atención a los libros dedicados a la astrología espiritual, ya que éstos te darán las herramientas para que comprendas tu propio maquillaje espiritual y el de tu pareja.

No te convertirás en un astrólogo experto, pero ése no es el objetivo. Al final, aunque no comprendas exactamente lo que tu pareja está viviendo, apreciarás que hay mucho más en él de lo que se ve a primera vista. Lleva mucho trabajo comprender profundamente a una persona, pero te están esperando muchas recompensas si estás dispuesto a convertirte en una persona compasiva y comprensiva. Tal como he explicado, la vida pocas veces nos sirve en bandeja relaciones exitosas. Es preciso un esfuerzo.

5

Apúrate y Sé Paciente:
La Herramienta de la Tolerancia

Hay tanto bien en lo peor de nosotros y tanto mal en lo mejor de nosotros que no deberíamos buscar los fallos en los demás.

Uno de los ingredientes clave para desarrollar una buena relación amorosa es la tolerancia. La intolerancia es lo opuesto al amor, ya que juzga y rechaza. Sin embargo, el amor no lo hace. La tolerancia nos da la flexibilidad que necesitamos para crecer, en este sentido es como una rama comparada con un árbol en un día de viento: la rama se doblará bajo su efecto, pero el árbol podrá romperse y venirse abajo con la misma ventisca, ya que es muy inflexible. A medida que tu tolerancia y tu entendimiento crezcan, descubrirás que hay más amor en tus relaciones. Éstos son aspectos del Creador y por ello, a medida que comiences a practicar la tolerancia, la Luz brillará en tu vida.

La tolerancia es fundamental en las enseñanzas de la Kabbalah porque realza la dignidad humana. Sin embargo, requiere una práctica constante. Deja a los demás ser ellos mismos en todas tus relaciones. Enfócate en ti misma y acepta la responsabilidad de lo que te está sucediendo; después de todo, tú has atraído a este hombre a tu vida. No intentes "arreglar" a tu pareja, acéptalo como es. Tolerancia significa ver los aspectos negativos de la personalidad de tu pareja y poder aceptarle, con sus fallos incluidos, de la misma manera que esperas que él te acepte a ti. Ésta es la forma de respeto más sublime, el verdadero amor incondicional.

Sin embargo, tolerancia no significa que debas permanecer quieta mientras tu esposo flirtea con otras mujeres o se comporta de forma arrogante contigo. No te estoy pidiendo que toleres su mal comportamiento. Recuerda que el poder de Sará es parte de tu ADN espiritual.

Sé que el concepto de tolerancia puede causar algo de confusión, especialmente después de explicar que el rol de la mujer es participar en la "corrección" de su esposo. La idea es la siguiente: primero debes reconocer por qué tu pareja se comporta de la manera que lo hace en tu relación. Cuando hayas identificado lo que esto te ocasiona a *ti* y comiences a trabajar en ello, es decir *en ti*, estarás en el camino correcto para realizar aquella corrección. Ayuda a tu pareja a resolver sus problemas por sí mismo; no porque sean parte de tu agenda, sino porque son parte de la suya. Cuando dejes de quejarte y de juzgarlo, cuando puedas decir: "si es por mí, está bien que sigas siendo de la forma que eres", entonces será más probable que él te escuche y trabaje en sí mismo, por él mismo.

La Luz del Creador se manifiesta en el mundo de una forma particular para cada persona. Cada uno tiene una tarea específica y cada uno es un aspecto perfecto del plan de Dios. Si tu pareja es una persona difícil, si actúa como un grosero, un egocéntrico o un vago, podrás apretar los dientes y pensar: "No puedo soportarlo". No obstante, si se te hubiera otorgado su proceso de corrección (su *Tikún*), serías exactamente como él.

Comprender que las personas son enviadas al mundo con diferentes tareas cada una, y que cada persona tiene tareas tan específicas como sus huellas digitales, te ayudará a ser más tolerante de forma natural. Si el Creador hizo a alguien de cierta manera, lo hizo para darle a esa persona la oportunidad de cambiar.

Él hizo lo mismo por ti. Te dio desafíos específicos para que pudieras transformar tu naturaleza trabajando en ellos.

Si te resulta difícil tolerar a alguien —pongamos que estás realmente furiosa con él— piensa tres cualidades que ames de él. Luego pregúntate: ¿vale la pena que este comportamiento destruya nuestra relación? Y recuerda que tú no eres diferente a él. También tienes mucho que corregir. Las almas se reencarnan juntas, es el camino que tu alma ha elegido. Por lo tanto, es de sabios ser compasivo y aceptar. Después de todo, hay tanto bien en lo peor de nosotros y tanto mal en lo mejor de nosotros, que no deberíamos buscar los fallos en los demás.

6

¿Quieres Saber un Secreto?
La Herramienta de Escuchar

Puedes oír lo que tu

pareja dice, pero no

siempre estás verdaderamente

escuchándole.

La mejor forma de desarrollar tolerancia en tu vida es aprender el arte de escuchar compasivamente. Compartir los pensamientos y sentimientos más íntimos sin miedo a ser juzgados es una necesidad humana básica. No debes estar de acuerdo con todo lo que tu pareja o tus amigos te dicen, pero si estás dispuesto a escucharles, les estás haciendo un hermoso regalo. Escuchar significa salirte de ti mismo; es la parte más poderosa de compartir.

En el mundo de hoy, escuchar es un arte perdido. Puede ser que oigas lo que tu pareja dice, pero igual que sucede cuando percibimos el sonido de fondo de la radio o de la televisión, no siempre significa que estés realmente escuchando. Oír y escuchar no son sinónimos.

Si deseas convertirte en una persona con quien otros se sientan seguros al expresarse, comienza cada día con la intención de escuchar. Cuando te despiertes, puedes comenzar con una oración que pida apoyo. Aquí hay una: *"Abre mis oídos al universo, y déjame estar en sintonía con todo lo que se encuentra a mi alrededor. Déjame sentir la vibración de aquellos a quienes amo, para que esté sintonizada con ellos. Déjame estar rodeada de energía positiva y receptiva a todas las personas a mi alrededor".*

Dicho sea de paso, la oración y la meditación son el camino para conectarse con la conciencia. Los sucesos espirituales ocurren casi de la misma manera que los sucesos físicos. La única diferencia es que generalmente no eres consciente de las conexiones espirituales que haces. En el nivel físico, cuando marcas el teléfono, por ejemplo, esperas obtener una respuesta del otro lado. En el nivel espiritual ocurre lo mismo: cuando oras, estás llamando a una dimensión superior. Tal vez no escuches a alguien que contesta al otro lado, pero cuando llegas al Creador de esta forma, Él te escucha.

Puedes pedir ayuda para escuchar con empatía en cualquier momento:

- Cuando hablas con tu pareja durante el día, solicita energía para que te ayude a ponerte en su lugar; ésta vendrá a ti.

- Ora para no sentir ni escuchar nada que no sea a él; al hacerlo, imagina que estás apartándote de todo lo demás.

- Cuando tu pareja habla, pide que te sea dado poder sentir su espíritu, su energía, y relacionarte con él en su nivel, sea cual sea.

No existen niveles "superiores" o "inferiores". Utiliza tu herramienta de tolerancia: no juzgues el lugar donde se encuentra tu pareja en su vida, sólo trata de relacionarte con él de la forma en que sus ojos, sus orejas y su mente comprendan.

Si practicas estas herramientas y técnicas con regularidad, se volverán cada vez más fáciles. Cada vez que hagas un esfuerzo sincero para ser más consciente, la energía positiva, la Luz, vendrá a ayudarte.

7

Nunca Seas una Víctima:
La Herramienta de la Interdependencia

Una relación interdependiente requiere
de dos personas que sean suficientemente
maduras espiritualmente para mantenerse
sobre sus propios pies.
La primera pregunta que debes hacerte es:
"¿Tengo ese nivel de madurez?".

Hoy en día se habla mucho acerca de relaciones codependientes. Sabes que te encuentras en una relación de este tipo cuando existe una excesiva manipulación entre tu pareja y tú.

Mientras vivís esa situación, podréis profesaros amor el uno al otro, pero debes saber que hay muy poco amor genuino allí. En realidad, este tipo de relación se basa en una serie de luchas de poder destructivas. Tratáis de controlaros mutuamente porque estáis desesperados por satisfacer vuestras propias necesidades. Ambos estáis sumergidos en el Pan de la Vergüenza, cada uno queriendo Recibir Sólo para sí Mismo.

Lamentablemente, nunca te sentirás plena de esta manera. La plenitud no emana de alimentar los deseos egoístas; no emerge de ser un efecto, una víctima. ¿De dónde proviene la plenitud? De compartir incondicionalmente. Esto significa dar la vuelta al flujo de la energía para que vaya del deseo de recibir al deseo de dar. Cuando haces esto, traes la Luz a la relación. Y cuando traes la Luz a la relación, la Luz se ocupa de ti.

En las relaciones sanas, los miembros son interdependientes. Son como el sol y la luna. La luna no necesita que el sol salga y el sol no necesita que la luna se ponga. Pero sí necesitan el uno del otro para activar el universo.

Tendréis una mejor relación si sois independientes y autosuficientes en este aspecto, si cada uno tiene su propia Luz. Cada uno de vosotros tiene su propia naturaleza, pero verás como tu viaje a través de la vida será más hermoso y te ofrecerá más oportunidades de crecimiento espiritual cuando lo recorráis juntos.

Disfrutar del tiempo con tu pareja es natural, debes querer eso. Sin embargo, un estar juntos saludable no se basa en un sentimiento de insuficiencia o de necesidad. En todo caso, la única necesidad consiste en que cada uno luche individualmente para ser un ser humano más amoroso y lleno de Luz. Al mismo tiempo, es importante que sintáis amor el uno por el otro y coincidáis en las ideas y valores que os unen como pareja.

Claro que esto no significa que tengáis que estar de acuerdo en todo. De hecho, a veces decir "no" —llevando a cabo un acto que aparentemente no es de compartir— puede ser exactamente lo que tu pareja esté necesitando. También puede serlo marcharse. Muchas veces, simplemente, no os pondréis de acuerdo en temas importantes.

Puedo asegurártelo desde mi propia experiencia personal. El Rav tiene sus ideas y yo tengo las mías. Hace muchos años, cuando vinimos a Los Ángeles, yo quería construir un Centro adecuado, pero no teníamos ni de lejos el dinero suficiente para hacerlo. El Rav me advirtió: "Estás pidiendo más de lo que puedes manejar. Yo pienso que es mejor que construyamos el Centro gradualmente".

"Pero un enfoque gradual no es mejor", contesté.

Él insistió en que sí lo era.

En fin, dimos vueltas y vueltas hasta que finalmente obtuvimos el dinero para construir el Centro de la manera que debía ser. Hoy en día todavía existe y, por supuesto, es próspero.

Pese a que diferíamos completamente acerca de la forma en la que debíamos actuar, compartíamos el mismo objetivo, que era crear un lindo espacio para el Centro de Kabbalah en Los Ángeles. Y al final, mi sentimiento de urgencia junto al deseo de Rav de construirlo con esmero y cuidado, creó el mejor resultado posible. En una relación interdependiente, no siempre se está de acuerdo en el modo de hacer las cosas, pero en general se está de acuerdo en el objetivo fundamental. Los valores y aspiraciones de ambos están alineados.

Este tipo de relación requiere dos personas que sean suficientemente maduras espiritualmente para mantenerse sobre sus propios pies. La primera pregunta que debes hacerte es: "¿Tengo ese nivel de madurez?". Si la respuesta es no, entonces tienes trabajo por hacer. Este libro te ayudará. A medida que aprendas los principios de la sabiduría kabbalística y los apliques a tu vida, te conectarás cada vez más con la Luz. La Luz es la fuente de todo; y cuando ingrese en tu vida, no sentirás más la necesidad imperiosa de apoyarte en otra persona.

Si tu pareja no ha llegado a este nivel de madurez, entonces debes estar preparada para un viaje complicado. Necesitas a alguien que esté en tu misma sintonía para que puedas amarlo por lo que es y no por aquello en lo que esperas que se convierta. Sin embargo, si estás ahora en una relación en la cual existe este tipo de incompatibilidad, no estoy sugiriendo que la finalices. La Kabbalah te suministra herramientas para trabajar en cualquier situación de tu vida, sin importar cuán difícil sea.

Por otro lado, si te hallas a punto de comenzar una nueva relación, intenta ver a la persona como realmente es. Si observas una posible futura pareja claramente, sin proyectar tus propios deseos en él, entonces sabrás si debes evitar la relación y ahorrarte muchos dolores de cabeza. Esto no es tan fácil como parece. Todos vivimos en el mundo de Maljut, donde las apariencias nos seducen con facilidad.

8

Tikún:
La Herramienta de la Corrección

Cada vez que nos rendimos a nuestro comportamiento reactivo y no logramos practicar la restricción, debemos hacer una corrección. La Kabbalah llama a esto Tikún, un término que se refiere a la parte de nosotros que necesitamos trabajar en esta vida.

Sucede que la mayoría de nosotros viene a este mundo con, al menos, alguna carga de nuestras vidas anteriores. Tenemos esos pequeños celos, algunos odios, un sentimiento de que se nos debe algo o algo de intolerancia. ¿No hemos podido dominarlos? ¿No del todo? Bien, entonces volvamos a trabajar con ellos.

Cada vez que nos rendimos a nuestro comportamiento reactivo y no logramos practicar la restricción, debemos hacer una corrección. La Kabbalah llama a esto *Tikún*, un término que se refiere a la parte de nosotros que necesitamos trabajar en esta vida. Tu *Tikún* particular es todo aquello que haces cuando sigues el camino de la menor resistencia, camino que está generalmente compuesto de malos hábitos centrados en uno mismo. Puedes tener un *Tikún* con el dinero, la salud, la carrera o cualquier otra área en tu vida. Sin embargo, es en las relaciones donde experimentarás más fuertemente tu *Tikún*. A medida que aprendes a ser consciente de tu naturaleza reactiva y a restringirla, estás persiguiendo tu propósito fundamental en la vida. Esto nos lleva nada menos que a reconectar con la Luz y experimentar la felicidad que deriva de ello.

Un signo seguro de que estás enfrentándote a tu *Tikún* es un sentimiento de malestar emocional. Efectivamente, todas las personas y las situaciones en tu vida que realmente te fastidian e incomodan son meros participantes de tu proceso de corrección. Una forma espiritual de ver esto es comprender que todo lo que actualmente consideras un problema, en realidad, es una oportunidad que la Luz te ha enviado. Si te encuentras en una relación difícil con tu pareja, es porque tienes algo que aprender de él y él tiene algo que aprender de ti.

Cuando tienes esta perspectiva de la vida, cambia la forma en que te relacionas con tus seres queridos. Te vuelves más tolerante y menos inclinado a juzgarlos o criticarlos. Te das cuenta de que las dificultades y obstáculos que ellos parecen crear, sin excepción, son oportunidades para que crezcas espiritualmente. En efecto, la Luz te ha enviado a estas personas y circunstancias para que te ayuden a cambiar tu naturaleza y puedas llegar a compartir incondicionalmente. Cuando logras cambiar de esta forma, la situación agravante por lo general se aclara espontáneamente. Si se requiere acción, entonces la Luz actúa a través de ti y tu respuesta a la persona tiende a crear unidad y a sanar.

La película "El día de la marmota", con Bill Murray, nos proporciona una descripción divertida pero muy precisa del principio del *Tikún*. Bill Murray interpreta a Phil Connors, un meteorólogo que es la encarnación del carácter reactivo: consumido por su propia autoindulgencia, arrogancia e indiferencia hacia el mundo que le rodea. Phil se queda atrapado en un bucle del tiempo, concretamente en el 2 de febrero, el Día de la Marmota. Así, el mismo día se repite una y otra vez, y nadie lo sabe excepto él.

Esto es muy divertido al principio. Phil se aprovecha de la situación, aprendiendo todo lo que puede sobre Punxsutawney, Pennsylvania, y sus habitantes, y lo hace para manipularlos y servir a su propio interés.

Pero su vida se vuelve una pesadilla cuando el placer momentáneo pasa y no encuentra una sola gota de plenitud duradera por ninguna parte.

Empujado al suicidio, Phil Connors se despierta todas las mañanas en el mismo pueblo enfrentándose a los mismos hechos. No hay escapatoria, ni siquiera la muerte. Finalmente, después de soportar un gran sufrimiento, decide cambiarse a sí mismo, ya que descubre que cambiar el mundo a su alrededor no le aporta felicidad. Entonces comienza a realizar buenas acciones y a ayudar a las personas que experimentan las mismas desgracias todos los días.

De repente, se siente verdaderamente realizado. Inspirado por esta Luz, continúa compartiendo con las personas del pueblo, con quienes ha estado antes una y otra vez, ganándose el corazón de todos. Finalmente, se une con la mujer de sus sueños y entonces la pesadilla finaliza. Al despertar, se da cuenta de que ha roto el ciclo repetitivo y que se encuentra en un día completamente nuevo, codo con codo con su verdadera alma gemela.

Si tu vida se parece al Día de la Marmota y no dejas de experimentar los mismos desafíos una y otra vez en tus relaciones, es porque no has visto aún que tus relaciones no son el verdadero problema. Sigues atrayendo al mismo tipo de persona o de situación a tu vida porque hay algo en *ti* que necesitas cambiar. Cuando realices el cambio requerido, el mundo a tu alrededor cambiará automáticamente. Atraerás a diferentes personas y situaciones a tu vida y no vivirás más las mismas experiencias.

9

Lo Positivo de lo Negativo:
La Herramienta del Conflicto

Pregúntate si insistir

en hacerlo a tu manera

realmente vale todo

el daño y la miseria que

está causando.

Hace un par de años, Joan Osborne cantaba una canción popular que decía: "¿Y si Dios fuera alguno de nosotros?". ¿Puedes imaginar qué diferentes seríamos si siempre tuviéramos en mente la presencia de Dios en nuestro cónyuge? ¿Te enfadarías con él si supieras que al hacerlo estarías perdiendo la paciencia con el Creador? Por supuesto que no. Puede que intentes justificar tus acciones señalando los fallos de tu esposo, pero debes reconocer que cuando lastimas a otra persona estás, en realidad, lastimándote a ti misma y, por lo tanto, distanciándote del Creador.

Si analizas más de cerca las emociones y acciones que te desconectan de los otros, verás que todas son expresiones del comportamiento egoísta. La Kabbalah se refiere a esto como el Deseo de Recibir Sólo para sí Mismo. ¿Qué es la ira? ¿Es enojo porque él no me escuchó, porque no tuvo en cuenta mis necesidades? Los celos y el odio provienen del mismo lugar. Son emociones originadas en nosotros mismos, por lo que somos responsables del dolor que nos causan.

¿Cuál es tu castigo si eres envidiosa, celosa, cruel o sientes ira? Precisamente la envidia, la ira, la crueldad o los celos. Piensa lo dolorosos que son estos estados. ¿Qué otra cosa quieres que te disuada de ser negativa y despectiva que no sea experimentar estos sentimientos? Si continúas lastimándote a ti misma con estas emociones, es porque persistes en culpar a otros por tus reacciones. Pero los demás nunca fueron culpables; son simples mensajeros que te muestran o te ponen frente a lo que necesitas aprender sobre ti misma.

Cuando ves a tu pareja bajo esta luz, aprecias la unidad esencial que yace bajo esas diferencias superficiales y agradeces que te suministre una oportunidad extraordinaria de crecer espiritualmente. Vosotros no sois individuos distintos. En realidad, sois una sola unidad o alma, los aspectos masculino y femenino, Adán y Eva, trabajando en un proyecto en común. Una vez que comprendes esto, la energía en tu relación deja de ser competitiva para pasar a ser colaboradora. Ahora tú y tu pareja podéis comenzar a trabajar juntos para eliminar la negatividad que os separa uno de otro y de la Luz.

Este nuevo objetivo de unión espiritual os ayuda a vencer obstáculos. Tú y tu pareja podéis ser muy incompatibles en muchas áreas, pero si tomáis la firme decisión de trabajar juntos para lograr un nivel más elevado de conciencia, algún día llegaréis a tener una relación maravillosa.

* * *

Toda relación genera algún conflicto de vez en cuando, es algo inevitable. Sin embargo, los conflictos tienen un significado totalmente diferente cuando los ves desde la perspectiva de tu Tikún. Hasta es posible que aprendas a darles la bienvenida y estar agradecida por ellos. Así que cuando surja el próximo desafío en una relación, intenta alejarte de la situación por un momento. No respondas en tu forma habitual, simplemente escucha tu voz interior y pregúntate qué puedes hacer ahora mismo para cambiar la película en la que te encuentras, para salir de tu propio Día de la Marmota. Lo más probable es que comiences a ver por qué está ocurriendo esta situación y cuán útil puede ser para ti y para tu pareja.

Si todavía no lo ves desde esta perspectiva, si aún te resulta muy difícil escuchar tu voz interior, sólo recuerda que en una discusión lo importante no es determinar quién tiene razón y quién no. Lo que importa es que aceptes la responsabilidad de detener el conflicto. Si esto te resulta difícil, pregúntate si insistir en hacerlo a tu manera realmente vale todo el daño y la miseria que está causando. Muchas veces, lo único que necesitamos es una breve pausa para dar tiempo a que aparezca un poco de sentido común. Cuando logres cambiar tu perspectiva e interesarte en ayudar realmente a tu pareja, será imposible que el conflicto continúe, ya que la Luz habrá ingresado en tu interacción con los demás.

Las relaciones necesitan ser alimentadas de esta manera, con esfuerzo y atención. Trabaja siempre con tu ego. Busca al menos un punto de la discusión en el que tu pareja tenga razón. Intenta detener la disputa antes de que destruya el amor entre vosotros. Esto significa restringir tus reacciones impulsivas y elevarte por encima de ellas. Cuando logres hacerlo, verás que la situación se resuelve fácilmente aun cuando tu pareja no coopere. De hecho, no necesitas insistir en que haya un esfuerzo en equipo. Haz tu parte, y la mayoría de las veces te sorprenderás de lo bien que tu pareja responde.

¿Cómo sucede esto? Piensa nuevamente en la metáfora de la bombilla que he utilizado antes. Tu esfuerzo para restringir permite que la energía del Creador entre a este mundo físico y a una situación específica. En tal momento, importa muy poco si tu pareja no ha estado cooperando desde el inicio. Él también contiene una chispa del Creador y tu acto genuino de compartir le conmoverá. En consecuencia, la situación se suavizará inevitablemente, permitiendo que la Luz emerja.

Una relación funciona como un espejo en el cual —si eliges ver el reflejo de forma honesta— puedes ver tu propia negatividad y corregirla. Cada momento doloroso de tu vida contiene una lección. Si tu esposo regresa a casa de muy mal humor y comienza a provocarte, considera la situación desde el punto de vista del alma. En vez de atacarlo con un reactivo "¿Cuál es tu problema?", busca la lección que tengas que aprender. ¿Se trata de paciencia? ¿Comprensión? ¿Tolerancia? ¿Generosidad? o ¿Es otra cualidad la que debes desarrollar?

Es posible que no lo reconozcas inmediatamente, pero puedes estar segura de que el comportamiento de tu pareja contiene una lección. Si pones esfuerzo en comprender, finalmente descubrirás lo que se te pide que aprendas. Aunque tu esposo tenga rasgos que debe cambiar —si es un auténtico desconsiderado o no te ayuda en nada— sé consciente de las reacciones de tu ego ante la situación. Cuando sentimos que somos el objeto de un comportamiento claramente inaceptable, es habitual que tendamos a empujar, empujar y empujar. El resultado es que terminamos por empujar a nuestra pareja en la dirección contraria. Es como hacer que un niño coma pudín de arroz.

Hasta el día de hoy, no puedo ni probarlo porque mi madre me forzaba a comerlo cuando era niña. Un proceso similar tiene lugar en cuanto a las relaciones. En vez de retirarte, permitir que tu pareja crezca, y trabajar en ti misma para que él se inspire en los cambios en ti, intentas utilizar formas sutiles de coerción. Estos esfuerzos seguramente pueden provocar rechazo en tu pareja y acabar explotando en tu cara.

La gente no reacciona bien cuando se la manipula. Cuando sabes que tu esposo ha regresado de una reunión de negocios y está enojado, aparta tu ego de la situación y deja que él se exprese. No le bombardees con tus necesidades nada más llegar. Tómate tu tiempo hasta que la oportunidad adecuada se presente y entonces hazlo. Si se está creando una discusión, piensa: "Bien, ¿sabes qué?, ahora tengo la oportunidad de ser generosa. Sólo voy a escuchar y no voy a discrepar inmediatamente. Le daré el espacio para que él desahogue sus emociones. Más tarde podremos mirar la situación desde otros puntos de vista".

Encuentra una forma diferente de conversación, en la cual la compasión prevalezca sobre la ira. Cuando estás lastimada, es fácil verlo todo de forma desproporcionada y sentirte inmediatamente furiosa. Pero si puedes ejercitar la voluntad suficiente para posponer la discusión para más tarde, quizá para una cena tranquila en un lugar sereno, descubrirás que muchas de las dificultades han desaparecido milagrosamente y aquellas que quedan se resolverán fácilmente.

Es muy sencillo quedar estancado en una rutina marital. Pero si reconoces que el conflicto en la relación es un mecanismo válido que te indica hacia dónde debes evolucionar, no debes desesperarte.

Una vez que te acostumbres a observar tu naturaleza reactiva, podrás restringirla de forma más consistente. Este proceso de restricción reconecta un circuito, como si hubieras encendido literalmente la Luz en tu vida. Cuando te abres a la Luz, te acercas a su energía, y esa energía te da la fuerza creativa para lograr la transformación.

No tienes que salir en busca de la Luz, porque siempre está encendida. Puedes acceder a la energía siempre presente del Creador en el momento que lo desees. Sólo debes mirar dentro de ti y extraerla. Entonces brillarás con la Luz del Creador. Y tu vida y tus relaciones también brillarán.

.

10

Por lo que Pagas Demasiado a Tu Terapeuta: La Herramienta de la Crítica

La crítica por parte de tu pareja muy pocas veces es arbitraria. Puede que él no sea consciente de lo que hace, pero estará señalando aspectos de tu comportamiento que verdaderamente necesitan corrección.

¿Qué va de la mano con el conflicto? Pues la crítica, por supuesto. Si estás discutiendo con el hombre que amas, puedes estar segura de que la crítica, explícita o implícita, estará en el aire.

Todos odiamos que se nos critique, pero generalmente nos resulta fácil criticar a los demás. No obstante, cuando seas tú la que se encuentra en la línea de fuego, resiste a la tentación de vengarte. Haz lo contrario, piensa profundamente en lo que tu pareja está diciendo. Quizá se esté expresando en un tono agresivo o vengativo; pero eso no significa que no haya algo de verdad en sus observaciones.

La crítica por parte de tu pareja pocas veces es arbitraria. Puede que él no sea consciente de lo que hace, pero estará señalando aspectos de tu comportamiento que verdaderamente necesitan corrección. Si logras evitar enojarte y escuchar realmente el mensaje, recibirás una lección muy poderosa. Cuando esto ocurra, tú, tu pareja y vuestra relación os beneficiaréis, lo cual no es poco.

A pesar de que la crítica pueda ser beneficiosa para ti, te recomiendo que evites criticar a los demás a menos que ellos te lo pidan. Sin embargo, algunas veces es claramente necesario corregir a una persona, y la Biblia da una hermosa recomendación sobre cómo y cuándo debes hacerlo. Si ves que una persona hace algo mal y deseas corregirla, deben cumplirse tres condiciones antes de que digas algo:

1. Tu crítica debe ser verdadera.
2. Debes amar a esa persona genuina y sinceramente.
3. Debes saber que la persona escuchará.

Si eres honesta sobre tu propio comportamiento, verás que la mayoría de las veces no sigues estas reglas. Tus críticas atienden más a tus propias necesidades que a las de la otra persona. Con todo, a medida que aprendas a ser una persona que verdaderamente da, te volverás sensible a las necesidades de los demás y a aquello que realmente les beneficia; entonces, tus correcciones estarán al servicio de los demás.

Si sientes que estás juzgando a tu pareja, intenta contrarrestarlo practicando el arte de escuchar. Tal como he sugerido en la Herramienta de Escuchar, ponte en el lugar de tu esposo —pidiéndole a la Luz que te ayude— e intenta comprender la razón que lo motiva. Cuando te pones en su piel y sientes su dolor o ansiedad, entonces puedes convertirte en su amiga.

¿Qué debes hacer si tu pareja hiere tus sentimientos? Es importante que hables de este tema con él, pero, de nuevo, hazlo de manera cariñosa. Si te acercas a él con ira, crearás un velo entre los dos. Esto significa que muchas veces tendrás que esperar a que tu ira se aplaque antes de discutir el problema. Probablemente te resultará difícil, porque tus emociones te empujarán a hablar. Reconoce en ese momento que tu naturaleza reactiva está operando e intenta restringirla.

Una vez que te hayas reconectado con tu naturaleza de compartir y la Luz esté fluyendo otra vez a través de ti, puedes acercarte a tu pareja y decirle: "¿Sabes qué? Cuando me contestaste tan bruscamente, me lastimaste. Nuestra relación es muy importante para mí, por eso quiero pedirte algo: ¿podrías ser más cuidadoso la próxima vez?". Una actitud como ésta ayuda a rasgar el velo que os separa, permitiendo que experimentéis genuina compasión e intimidad.

Cierta vez tuvimos un voluntario en el Centro de Kabbalah de Los Ángeles; su comportamiento demuestra cómo la crítica puede utilizarse tanto de forma destructiva como amorosa. Sidney era un hombre fuerte, exitoso y dominante. Su esposa, Nicole, parecía ser la mujer perfecta para él, ya que tenía una personalidad sumisa. Él se hacía cargo de todo, lo pequeño y lo grande, y la mayor parte del tiempo ella accedía a cualquier cosa que él le propusiera. Sin embargo, a pesar de que Sidney me dijo una vez en privado que deseaba que su esposa se hiciera valer más, estaba muy claro que él controlaba a su mujer de forma inconsciente, utilizando su poder para sentirse bien consigo mismo. Le parecía que ella siempre daba prioridad a las necesidades y los deseos de él antes que a los suyos propios. "Yo la animo a que sea más decidida", se quejó. "Le digo que debe valerse por sí misma, pero ella piensa que la estoy criticando y se pone a la defensiva".

No me sorprendió. Yo los había visto interactuar y sabía que la forma en la que él la alentaba a ser más independiente no era ni cariñosa ni compasiva. Parecía más bien un acto juicioso, y muy hiriente. "¿Estás seguro de que deseas que ella sea más decidida?, le pregunté.

"¿Qué quieres decir?".

"Bueno, a mí me parece que tú no estás aún preparado para renunciar al control". Al principio, Sidney rechazó la sugerencia de que debía asumir más responsabilidad por la situación. Pero dado que no había un intercambio adecuado en la relación, ésta se volvió tan poco placentera que incluso Sidney se dio cuenta de que no tenía más remedio que mirarse en el espejo y ver todo aquello que necesitaba cambiar en sí mismo. Entonces, examinó sus motivos y finalmente se dio cuenta de lo que estaba haciendo. A partir de ese momento, acordó hacer un gran esfuerzo por trabajar en sí mismo.

En vez de plantear la situación desde un punto de vista egoísta e hiriente, Sidney comenzó a hacer los comentarios motivado por su preocupación por Nicole y por el bienestar de su matrimonio. Él la alentó verdaderamente a recuperar su propio poder. Sidney trabajó muy duro para restringir su tendencia a controlar la relación y si veía que Nicole caía en un patrón de complacencia, le llamaba la atención.

Una vez los observé eligiendo una película para ver por la noche. Nicole instintivamente delegó la decisión en él: "Lo que quieras estará bien para mí", dijo en su forma habitual.

Pero Sidney fue capaz de decir afectuosamente: "Sabes, cariño, si hay una película que tú prefieras ver, me gustaría que me lo dijeras. De hecho, siempre que haya algo realmente importante para ti, me haría sentir mucho mejor si me dijeras claramente lo que quieres".

Antes, si él sugería que Nicole tomara la decisión, ella lo hubiera sentido como una crítica, lo cual hubiera sido acertado. Sin embargo, ahora, ella detectaba un verdadero tono de cariño en él, y eso lo hacía completamente distinto. Cada vez que él trabajaba realmente en el desarrollo de Nicole, él crecía y le daba el espacio a ella para retomar su propio poder.

Nicole era una artista con mucho talento. Cuando comenzó a evaluar la posibilidad de montar una pequeña exposición, Sidney la ayudó y apoyó. La exhibición fue un verdadero éxito.

Cuando Nicole comenzó a devolver a su esposo todo el apoyo y cariño que había recibido de él, la vida de Sidney se volvió más plena de lo que él había podido imaginar. El matrimonio mejoró de forma increíble.

11

Afrontar la Pérdida:
La Herramienta de los Finales

La separación de una persona amada,

por más dolorosa que sea, muchas

veces es el impulso que necesitas para

liberar tu espíritu y volver a tomar

conciencia de que necesitas crecer.

El fin de una relación motivado por la muerte de uno de los integrantes es uno de los sucesos más dolorosos en la vida. Cuando pierdes a tu compañero, sientes que tu mundo se derrumba. Es más devastador que cualquier otra pérdida, salvo la de un hijo.

El dolor puede hacer que pierdas la perspectiva. Puede empujarte a creer en una desconexión fundamental entre las personas. Hasta puede ocasionar que cuestiones al Creador: "Si Dios es todo bondad", puedes preguntarte, "¿por qué hay sufrimiento en el mundo? ¿Por qué las personas se enferman y mueren? ¿Dónde está lo humano, la Luz en ello?".

Tengo un amigo que sufre una seria enfermedad circulatoria. Hasta el momento en que a Paul le diagnosticaron este problema, él estaba bien; era un hombre muy cariñoso, que practicaba el acto de compartir. Sin embargo, desde que su enfermedad potencialmente fatal salió a la luz, Paul se encerró en su casa, quejándose a Dios. En vez de reconocer su enfermedad como una oportunidad para compensar su deuda kármica y crecer, reaccionó de una forma que bloqueó la curación. Podríamos decir que tiró la toalla. "Fui un hombre piadoso toda mi vida", se quejaba, "estudié y enseñé a mis hijos. ¿Por qué Dios me abandona de esta manera?".

La situación de Paul me recuerda al Rav Akivá. Capturado por sus enemigos, iba a ser desollado vivo al día siguiente. Un estudiante se acercó a él al atardecer y le preguntó: "Estimado maestro, ¿por qué van a hacerte algo tan terrible? ¿Dónde está Dios?".

Pero el Rav Akivá replicó: "¡Aléjate víbora! Toda mi vida he estado esperando esta oportunidad y ahora no voy a acobardarme y a preguntar por qué Dios me ha abandonado". Tanto para Paul como para este Sabio, la prueba está en nuestra reacción ante el sufrimiento.

A la vista de Dios no hay tiempo, espacio, ni movimiento. La Luz que Él ha enviado aquí en forma de un alma debe finalmente retornar al Creador. Esa alma habrá aprendido su lección y completado su proceso. Así funciona el mundo de Maljut, el mundo en el que vivimos. Por lo tanto, pese a que la mayoría de las mujeres tienen "problemas con la separación", en el nivel del alma no existe tal separación, ni siquiera en el caso de la muerte. Todos somos uno.

Sé que esto puede resultar muy difícil de aceptar, pero si recuerdas que estamos en un viaje espiritual y que la muerte es solamente parte de este viaje, quizá podrás ver cómo los mismos principios se aplican a esta trágica forma de pérdida.

Lo que es cierto para la muerte también puede ser cierto durante una separación o un divorcio. Tu alma sabe que los sucesos ocurren con un propósito y no trata de aferrarse cuando las circunstancias de una relación comienzan un proceso natural de cambio. Tu alma se da cuenta de que esta separación física de la persona que amas es exactamente lo que necesitas para estimular tu crecimiento, y sabe además que el crecimiento de tu pareja también saldrá beneficiado. Esto es evidente cuando un cónyuge o un amante muere, pero también es verdad cuando la persona amada se va.

Si estás ansiosa porque alguien a quien amas se ha ido de tu lado, esa ansiedad no es la respuesta de tu alma, sino la de tu yo emocional. Por supuesto, no estoy sugiriendo que es inapropiado afligirse o sentir dolor; éstos son sentimientos que surgen de forma natural cuando pierdes a alguien cercano. Sin embargo, es difícil crecer espiritualmente cuando estás atrapado en un surco creado por un comportamiento habitual reactivo.

La separación de una persona amada, por más dolorosa que sea, muchas veces es el impulso que necesitas para liberar tu espíritu y volver a tomar conciencia de que necesitas crecer. Desde la perspectiva de tu alma, eres afortunado cuando aparece una fuerza desde arriba y te quita de tu zona de confort. Cuando ocurre una separación, lo primero que debemos observar es el "yo" que está sufriendo. Este autoexamen permite que veas la situación desde un punto más elevado. Recuerda que los representantes de tu drama aparecen de la forma en que lo hacen para enseñarte una lección. Ciertamente, enfrentarse a esta verdad cuando tus defensas están bajas no es sencillo, y es probable que incluso vuelvas corriendo a tu forma de pensamiento anterior.

Especialmente en los casos de separación y divorcio, es mucho más fácil culpar a tu cónyuge o amante que agradecer la oportunidad que se te ha concedido. Pero pregúntate a ti misma:

- ¿Qué tengo que aprender de esta experiencia? ¿Cuál es la lección de vida que debo absorber?

- ¿Cuál es la deuda que le estoy devolviendo al universo?
- Si esto me está sucediendo a mí, ¿en qué medida soy responsable de lo que estoy viviendo? ¿Cuál es mi rol en este drama?

Si no te resulta evidente de forma inmediata cuál es tu lección, deuda o rol, entonces dite a ti misma: *"Quizá mi espíritu debe crecer un poco más, y entonces comprenderé"*. Sé paciente contigo misma.

Si eres insegura, podrías sentir que no eres lo suficientemente buena como para mantener una relación. Tal vez asumas inconscientemente que tu pareja te abandonará cuando se despierte y se dé cuenta de quién eres *realmente*. Si él se fuera, el dolor de la separación sería especialmente intenso porque estimularía sentimientos ya conectados con la imagen negativa que tienes de ti misma. Si esta es tu situación, comprende que a todos se nos coloca aquí con una imagen de nosotros mismos de cierto tipo, y que todo el trabajo de tu ser en este mundo es elevarte por encima de dicha imagen. Por muy poco placentera que pueda ser una separación, puede ser una medicina extremadamente poderosa.

Cuando actúes el drama que has puesto en escena con tu pareja, recuerda que todos somos arcilla en manos del Alfarero. Él nos ha puesto exactamente en el lugar adecuado y en el momento preciso para que podamos cumplir nuestros destinos. Cuando ves la verdad en esto, es más fácil perdonar a una pareja que sientes que te ha tratado mal. Después de todo, si él está actuando su papel a la perfección,

¿qué es lo que hay que perdonar?

12

Acepto Mis Disculpas:
La Herramienta del Perdón

La esencia del perdón radica

en comprender que en realidad no

hay nada que perdonar.

Nadie te ha lastimado, ni te puede

lastimar jamás. Todo es para

recordarte que debes dejarlo ir y

confiar en Dios.

Tal vez pienses que eres una persona que perdona, pero tu perdón puede ser solamente intelectual. Puedes decir: "Él me lastimó, pero yo de todas formas le perdoné". Éste no es el perdón más profundo que se puede experimentar.

Cuando de un modo u otro alguien te lastima, tu primer instinto es vengarte. Si albergas este sentimiento, querrás venganza cada vez que pienses en esa persona, por más que seas un modelo de virtud en otras áreas de tu vida y que acostumbres a comportarte con el resto del mundo con la mayor amabilidad y bondad.

Una de mis estudiantes, Jennifer, estaba furiosa con su esposo. Según ella, Rick había vaciado las cuentas del banco y, al abandonarla, se había llevado más de su justa parte. Su primer pensamiento fue: "Él me ha robado, pero ya me vengaré. Contrataré a un abogado y le vaciaré los bolsillos". En ese pensamiento las fuerzas oscuras ya estaban en funcionamiento.

"Espera un momento, Jennifer", le dije, "por qué no intentas cambiar tu guión por este: *Si Rick se llevó mi dinero es porque yo debía perderlo, por lo tanto debo trabajar más duro para seguir el camino de la Luz y la Luz cuidará de mí*".

Jennifer me miró intensamente y preguntó: "Bien, ¿y por qué debía perder el dinero?".

"No se trata de castigo", le expliqué. "En realidad se trata de la perfección de la Creación. Nada sucede al azar o sin razón alguna. Quizá le debes dinero a Rick de una vida pasada, o quizá en el pasado has tomado algo de alguien y ha llegado el tiempo de que experimentes qué se siente. Tal vez no tenga que ver con ningún dinero, sino con otra cosa que debas aprender. En tal caso, recuperarás ese dinero, porque no puedes perder algo que es legítimamente tuyo. Te sugiero que te digas a ti misma: "El Creador, en Su compartir infinito y perfecto, permitió que esto me sucediera para que me ayudara a transformarme. Entonces, ¿qué quiere Él que yo aprenda de esto?"".

"Pero . . .", Jennifer balbuceó, "¿igualmente piensas que debo olvidarme de ello?".

"No", contesté. "Solamente estoy remarcando que todo sucede por una razón. Si tú aceptas la responsabilidad por tus propias reacciones a lo que ha sucedido —que no es lo mismo que aceptar la culpa o sentirte culpable— reconocerás la lección que debes aprender".

Jennifer finalmente observó su situación bajo este punto de vista y reconoció cuán enojada estaba con Rick por haberla dejado. En realidad, su ira no tenía nada que ver con el dinero; ella sentía que él le había faltado el respeto, que no la apreciaba y, sobre todo, se sentía traicionada. Sin embargo, comenzó a ver que ella era quien había creado estos sentimientos. Por supuesto que parecía que Rick había cometido una injusticia con ella, pero evidentemente él no podía *hacer* que Jennifer experimentara unos sentimientos determinados. Su reacción era algo que ella podía controlar.

Una vez que Jennifer observó sus reacciones sin culpar a su ex esposo, se dio cuenta del patrón de comportamiento que se ocultaba tras sus sentimientos de rechazo: su padre había sido frío y distante, y ella nunca se había sentido amada por él. Esta realidad le permitió comenzar a encaminarse de forma más espiritual en su vida. Unos meses después, ella admitió ante mí que Rick le había hecho un gran favor al haberse ido, puesto que al hacerlo le había obligado a ella a evaluar nuevamente toda su vida.

Dicho sea de paso, Jennifer acudió a los juzgados y Rick tuvo que devolver parte del dinero. Pero ese no era el propósito. Su sufrimiento y el sentimiento de pérdida económica eran incidentales al auténtico propósito de la Luz, que era uno solo: darle a Jennifer la oportunidad de crecer.

* * *

Cuando se trata de perdonar, todo lo que experimentas es una prueba. Cuando te encuentras atrapado en una postura de no perdonar, significa que no has aprendido todavía la lección. La esencia del perdón radica en comprender que en realidad no hay nada que perdonar. Nadie te ha lastimado, ni te puede lastimar jamás. Todo es para recordarte que debes dejarlo ir y confiar en Dios. Los demás nunca te hieren realmente, eres tú el que se lastima al desconectarte de la Fuerza de la Luz. Todo lo negativo en nuestras vidas está ahí para ayudarnos a recordar este hecho.

Claro que esto no significa que debes dejar que otras personas te pasen por encima. Todo lo contrario. Cuando pongas Luz en tus acciones, te volverás más efectiva. Pero no te quedes en el pasado, ni guardes rencor. Si te quedas atrapada en algo que te ha sucedido, te volverás rencorosa, infeliz, pesimista y amarga. ¿Quiénes son las personas más luminosas y joviales que conoces? Son aquellas que están enamoradas de la vida porque saben cómo dejar ir y continuar adelante.

En esta era de pasos tan acelerados, es muy importante que te propongas dejar toda la vieja basura atrás. Intenta limpiarte de las injusticias que sientes que otros han cometido contigo. Las cicatrices emocionales bloquean tu parte Divina. Diles adiós para que puedas saltar hacia el brillante futuro que te está esperando.

* * *

Por supuesto, junto con la necesidad de perdonar, puede que también necesites ser perdonado. ¿Cuántas injusticias has cometido con otros? Una intrigante ley judía establece que en el tiempo de *Elul* —el mes de Virgo— debes acercarte a las personas a quienes has lastimado el año anterior y pedir su perdón. Tú sabes lo rápido que te ofendes con aquellos que te han lastimado, por lo que debes ser paciente con aquellas personas de las que esperas el perdón. Si se niegan a aceptar tus disculpas después de tres intentos genuinos, puedes acudir al Creador para que perdone tu acción.

La Biblia nos cuenta que Jacobo se escapó del lado de su hermano Esaú para vivir con Laván, quien iba a ser pronto su suegro, porque había engañado a su padre Isaac y le había robado la bendición que le correspondía a Esaú. Cuando Jacobo preguntó a su madre, Rebeca, cuándo debía regresar, ella le contestó: "Hasta que la furia de tu hermano se aplaque —hasta que la ira que tu hermano tiene contigo se aplaque— y perdone lo que tú le has hecho". La Kabbalah nos explica que lo que Rebeca quiso decir es que sólo cuando hayas eliminado tus propios pensamientos destructivos acerca del otro, puedes recibir un borrón y cuenta nueva por parte del Creador.

El universo es un espejo que refleja todo lo que pones en él. Si deseas utilizar una experiencia dolorosa, como un divorcio, para ayudarte a crecer, debes ver este suceso como lo que realmente es: una lección, no un castigo. Cuando aprendes esa lección, te liberas del sufrimiento, y entonces la Luz y la alegría fluyen de nuevo en tu vida.

13

Ahora lo Veo Claro:
La Herramienta de la Honestidad

Si no eres totalmente honesta

contigo misma, pasarás el resto de tu

vida tratando de cambiar a otras

personas, pero ellas no son nunca el

verdadero problema.

Algunas personas piensan que no están siendo honestas si no expresan inmediatamente cada pequeño dolor que sienten. Cuando sugiero que perdones a otros y te resistas a juzgarlos y criticarlos, no estoy diciendo que debes negar tus emociones. Sin embargo, y lamentablemente, cuando las personas expresan sus sentimientos heridos, lo suelen hacer con enojo. Lo hacen desde un marco mental destructivo, no uno desde el cual esperan crear un resultado positivo de la dificultad.

También, en algunas ocasiones, sucede que no estamos siendo totalmente honestos con la persona que amamos, ya sea por nuestro propio interés o porque nos estamos engañando a nosotros mismos. Tengo un amigo hawaiano, Gary, que me confesó una vez que estaba ocultando algo a su pareja. Él buscó mi consejo: "Tengo una cuenta de ahorros con varios cientos de miles de dólares", me dijo. "Pero se lo he estado ocultando a Mila". "¿Por qué lo has hecho?", le pregunté.

"Ella es muy derrochadora", respondió con razón, "es tan simple como eso. Gastaría todo ese dinero en un año si se enterara de su existencia. Sé que no está bien que no haya sido honesto con ella, pero decirle la verdad tampoco parece ser una buena solución".

"Bueno, ¿entonces por qué tienes una relación con una mujer en quien no confías?", le pregunté.

A juzgar por su ceño fruncido, mi pregunta había dejado a Gary perplejo. "Mira", continué, "te estás preguntando si es sensato dejar que Mila sepa acerca de tu dinero. Eso significa que no confías en ella. Si ése es el caso, entonces el problema es más profundo que unos fondos secretos. Y si piensas que ella es muy tonta como para saber eso, entonces tú eres el tonto. De todos modos, ¿por qué estás con ella si piensas así?".

A medida que nuestra conversación continuaba, cada vez era más claro que no se trataba tan solo del dinero. Para empezar, Gary no estaba casado con Mila y tenía miedo de comprometerse. Él veía su cuenta bancaria como su fondo de escape. Además, como le había estado engañando durante tanto tiempo, tenía miedo de revelarle la verdad finalmente. "Se enojará tanto conmigo si se entera, que probablemente me dejará", declaró. Gary se encontraba en una situación extraña. No quería avanzar hacia una unión más honesta y comprometida, pero tampoco quería que Mila lo abandonara, aun cuando la relación obviamente no podría crecer y evolucionar al haberse construido sobre unos cimientos tan defectuosos.

"La honestidad es una cualidad de la Luz", le aconsejé. "Si deseas ser la Luz en la relación, debes ser tú mismo. Pero en realidad, estás viviendo una mentira. No estoy diciendo que a veces ocultar no sea apropiado, pero tú estás ocultando cosas porque tienes miedo y te sientes inseguro, y ése nunca es un buen motivo".

A medida que nuestra conversación avanzaba, Gary vio que su engaño estaba originando una grieta insalvable en su relación, y que necesitaba ser honesto con Mila. Unos días después, tomó un avión a Hawai con la intención de decir la verdad a su novia y aceptar las consecuencias fuesen las que fuesen.

Hace poco, Gary volvió a California y me contó el resto de la historia. Al principio Mila se había disgustado, pero luego se recuperó y fue capaz de apreciar la honestidad y el coraje que él tuvo para decirle la verdad. Desafortunadamente, este período de comprensión fue breve. Al poco tiempo, ella volvió a recriminarle su secreto y a estar resentida. La relación se derrumbó y Gary volvió a California a comenzar una nueva vida.

"Bueno, ¿y cómo te sientes con el resultado?", le pregunté.

"Ahora estoy bien", admitió. "Confesar el asunto del dinero destapó la verdad sobre nuestra relación. Creo que tenía miedo de saber la verdad, pero ahora me alegra saberla. Es un alivio".

La honestidad generalmente requiere el tipo de coraje que Gary demostró. Cuando dudamos en decir la verdad, muchas veces es porque tenemos miedo a las consecuencias. A menudo, como en el caso de Gary, nuestro miedo tiene un fundamento. Sin embargo, aun cuando la reacción inicial a nuestra honestidad es confusa, muchas veces es mejor dejar que una estructura endeble se derrumbe. De esa manera, permitimos que una relación más sólida y auténtica la reemplace.

Es probable que el tipo de honestidad que Gary demostró sea una opción para ti cuando dejes de culpar a los demás por tus experiencias. Los otros nunca son el verdadero problema. No hay esposos o amantes negativos. Aquellos a quienes amas también tienen una chispa de la Fuerza de Luz del Creador. Están allí para ayudarte a completar tu proceso de corrección. Cuando dejas de intentar cambiarlos y miras con detenimiento qué es lo que necesitas cambiar en ti misma, harás un avance en cualquier situación, sin importar lo responsable que parezca tu pareja de aquel problema.

No siempre es fácil reconocer qué necesita corrección en ti, pues tus aspectos negativos pueden estar ocultos en tu punto ciego. En tal caso, tal vez necesites ayuda para detectarlos. Si tienes una amiga cercana en quien confías, pregúntale cuáles piensa ella que son tus velos. Quizá discutes simplemente por discutir, o eres egoísta o demasiado insensible. Deja que te revelen estos aspectos. Te sorprenderá ver el poder que tiene la valoración honesta y la autovaloración. Éstas te permitirán decir la verdad y ser caritativa con los demás.

* * *

Pero, ¿qué es la verdad? La verdad no es algo obvio. Mi verdad y tu verdad no son la misma. Cada uno de nosotros vemos lo que nuestros sentidos nos permiten ver, lo cual crea diferencias (a veces menores, a veces mayores) en aquello que nosotros consideramos la verdad. Lo creas o no, existen momentos en los que mentir es una práctica aceptable. Por ejemplo, si no quieres contarle a tu esposo algo que ha ocurrido durante el día porque sabes que se enojará, según la ley espiritual no tienes que hacerlo. Puedes "economizar" la verdad con el propósito de mantener la paz en tu hogar. Cuando dices una mentira piadosa en este contexto, está permitida.

Asimismo, si decir la verdad significa lastimar a alguien innecesariamente —recuerda aquellas frases de tu niñez como: *"Eres fea y tu madre te viste de forma rara"*—, en ese caso es mejor no decir la verdad. Una persona consciente, que realmente esté trabajando para transformarse, se preguntará: "¿Es necesario que yo diga esto?". Tu pareja podría, por ejemplo, preguntarte: "¿Te gusta mi nueva corbata?". La verdad es que a ti no te gusta, pero puedes sentir la necesidad de contestar: "Está bien" o "Claro", para no lastimarle. Sin embargo, si él te está preguntando porque no sabe si combina bien con su traje (y qué impresión causará a su nuevo jefe) y realmente necesita tu opinión sincera, entonces debes, por supuesto, decir la verdad.

Desafortunadamente, muchas veces ser brutalmente honesto es una forma encubierta de lastimar a tu pareja, en vez de ser constructiva. En el fondo, tu intención es lastimarle. Sin embargo, si lo haces desde una posición auténtica de compartir, sabrás cuándo es mejor decir una pequeña mentira que decir la fría verdad.

Quiero aclarar que no estoy defendiendo la introducción de las mentiras y de la falta de honestidad en una relación, lo cual obviamente corroería la confianza y arruinaría la posibilidad de una vida feliz juntos. Al contrario, estoy hablando de ser verdaderamente amorosa. En el fondo de tu corazón sabes lo que ayuda en una situación y lo que lastima. Ésta es la esencia de la honestidad: ser honesta sobre tus propios motivos.

Lo dicho puede sonar complejo, pero no lo es. Gary, mi amigo de Hawai, sólo necesitaba un empujoncito para ver que en realidad había mucho más en su historia que el hecho de que Mila fuera derrochadora. Si te propones ser honesto contigo mismo, entonces sabrás si estás actuando y hablando con tu corazón o estás intentando obtener provecho injustamente de alguien. No es difícil, siempre que seas honesta contigo misma.

La honestidad permitió a Gary identificar los puntos negativos ocultos que estaban dirigiendo su comportamiento. El sentido común nos dice que solamente podemos controlar aquello que vemos. Una vez que reconoció que era el miedo lo que le estaba motivando, Gary pudo restringir su comportamiento. Entonces, la Luz pudo entrar en su vida y la claridad logró gobernar su relación, beneficiando a todas las partes implicadas.

14

Culpa Es una Palabra de Cuatro Letras: La Herramienta de la Autorresponsabilidad

La autorresponsabilidad y la culpa no son la misma cosa. La autorresponsabilidad es liberadora, mientras que la culpa generalmente es una trampa que te mantiene atrapado.

El Rey David estaba viajando por un camino cuando un hombre llamado Caspi comenzó a gritar y a maldecirlo. Los hombres del rey querían proteger a su monarca, por lo que entraron en acción y comenzaron a golpear a Caspi. Pero entonces, el Rey David intervino: "No", dijo a sus hombres. "Deténganse. Si este hombre me está maldiciendo, entonces merezco ser maldecido". El sabio Rey sabía la verdad: de alguna manera, él merecía esas maldiciones.

La próxima vez que alguien te cause mucho estrés, sólo piensa por qué su energía está viniendo a ti. No estoy proponiendo que te sientas culpable. La autorresponsabilidad y la culpa no son la misma cosa. La autorresponsabilidad es liberadora, mientras que la culpa generalmente es una trampa que te mantiene atrapado.

Puede que te resulte muy fácil aceptar la responsabilidad por tus relaciones. Espero que este libro te ayude a ver que nunca eres una víctima y que siempre puedes cambiar lo que vives, aun con una pareja que no esté dispuesta. Sin embargo, puede ser que te resistas a aceptar la responsabilidad en otros aspectos de tu vida, por ejemplo tu salud física.

¿Por qué nos enfermamos? Muchas veces enfermarse es la forma que tiene el cuerpo de decirte que debes bajar tu ritmo de vida. Nos exigimos demasiado y el cuerpo necesita descansar. Otras veces nos enfermamos para acaparar la atención. Habitualmente, cuando estamos enfermos es porque los pensamientos y las acciones negativas nos han desconectado de la Luz y nos han hecho perder nuestro escudo de protección. Entonces, nos volvemos extremadamente vulnerables a la enfermedad. El sentimiento de culpa no es útil, ya que solamente crea más negatividad. De hecho, la culpa funciona muchas veces como excusa para no hacer nada sobre una situación conflictiva. La autorresponsabilidad, por el contrario, implica hacerte cargo de tu vida y utilizar todo aquello que te sucede para promover tu crecimiento espiritual.

Por supuesto, cuando un niño cae enfermo por alguna razón o nace con algún defecto, nos resulta difícil aceptarlo. ¿Cómo es posible que un niño pequeño sea responsable por su dolor y sufrimiento? Al hacernos esta pregunta, asumimos que sabemos lo que está bien y mal en la vida. Sin embargo, en realidad, generalmente consideramos todo al revés. Lo que interpretamos como un "castigo de Dios", bien puede ser un conjunto privilegiado de circunstancias, un don. Aun cuando un niño nace con graves discapacidades físicas, esto no es necesariamente negativo.

Un hombre santo tenía un niño con discapacidad mental que se estaba muriendo. Él se acercó a su maestro y le preguntó: "¿Qué hice mal para tener este niño?".

Su maestro le contestó: "Querrás decir: 'qué he hecho bien para tener este niño'. Los niños como éste son almas especiales a quienes les queda muy poco que hacer en este mundo", continuó. "Piden bajar en un cuerpo en el que puedan crear poca negatividad, para que cuando regresen a la Fuente permanezcan lo más puros posible".

Esta historia es particularmente conmovedora en mi familia, ya que mi nieto nació con el síndrome de Down. Mi hijo y mi nuera, en vez de ver esto como una forma de castigo, aprecian su vida como una bendición especial y consideran su presencia en el hogar como un regalo.

De hecho, poco después de que mi propia hija naciera, fue evidente que tenía un problema en sus piernas. Los médicos pensaron que sufría de parálisis cerebral o distrofia muscular, por lo que le pusieron un yeso durante dos años. Entonces fuimos a ver a un especialista. Él nos dijo: "Los médicos diagnostican, pero Dios da el pronóstico". En ese mismo momento le quitó el yeso y, un mes después, la pequeña Suri estaba en pie. En un año ya caminaba normalmente. Este nuevo especialista hizo rondas con mi hija muchas veces, y cuando los otros médicos le preguntaban por qué les estaba exponiendo el caso de una niña normal, él les daba su historial clínico. Todo lo que nos sucede es para que aprendamos. Quizá yo no era una madre lo suficientemente atenta y ésa era la lección que debía aprender.

Esfuérzate por ver lo bueno en todas las situaciones y por apreciar los eventos negativos como oportunidades y no como castigos. Tus acciones tienen consecuencias, pero también eres libre de cambiar tus acciones, y por lo tanto, cambiar lo que experimentas. La culpa y la vergüenza te impiden aceptar la verdadera responsabilidad de tu vida. Te ponen en el rol de víctima y te hacen sentir que no tienes poder, por lo que te conviertes en un efecto en vez de una causa.

Las personas tienen todo tipo de excusas para el mal estado de sus vidas, pero la verdad es que un alma es colocada en aquellas situaciones que le proveen las condiciones ideales para hacer su tarea, cualquiera que ésta sea. Cuando aceptamos toda la responsabilidad por nosotros mismos, nos alineamos con las fuerzas cósmicas que están allí para ayudarnos a crecer.

15

Sé Feliz, Pase lo que Pase:
La Herramienta de la Alegría

De la misma manera que

los productos no ecológicos dañan la

capa de ozono, los pensamientos

espiritualmente insanos dañan tu aura,

tu escudo metafísico.

Si puedes ver el universo como una presencia amigable (y realmente lo es), entonces puedes iluminarte, literalmente. No solamente mejorarán tus relaciones íntimas, sino que tus interacciones con todos aquellos que conozcas (en restaurantes y tiendas, en la escuela o en la calle, en tu hogar o en el trabajo) se tornarán cálidas y cordiales.

¿Qué sucede si no das las gracias a la camarera por traerte un vaso de agua? ¿Qué sucede si no sonríes o saludas al vendedor de una tienda? Tu actitud egocéntrica limita tu placer en la vida. ¿Deseas ser partícipe en llenar el mundo con rostros tristes y ceños fruncidos? Una mujer que se despierta por la mañana y ya está refunfuñando, se ha levantado con la conciencia de que tendrá un día miserable. ¿Cómo podría ser de otra manera?

Desafortunadamente, las personas más cercanas son generalmente aquellas a las que les muestras tu lado más oscuro. Tal vez seas todo sonrisas en el supermercado, pero en el momento en el que traspasas la puerta de tu hogar te vuelves automáticamente una persona gruñona. Ése es un signo de complacencia, una fuerza muy corrosiva en cualquier relación íntima. Reconoce que tus malos humores son parte de tu naturaleza reactiva y haz un esfuerzo por detenerlos. De nuevo, no se trata de reprimir tus sentimientos. Simplemente observa los aspectos negativos que surgen habitualmente cuando estás con tu pareja y haz el esfuerzo de resistirte a ellos. La resistencia invita a la Luz a regresar a nuestras vidas; y cuando esto sucede, nuestro humor naturalmente se eleva.

Si esta área constituye un desafío para ti o tienes dificultades para sonreír y ser alegre, intenta un simple remedio. Primero, date cuenta de la forma en la que interactúas con los demás durante el día. Sólo cuando notes tus estados negativos podrás trabajar en ellos. Luego acuérdate de sonreír aun cuando no sientas ganas. Si lo haces, verás como tu humor mejorará y te resultará más fácil continuar sonriendo.

Por supuesto, para sentirte motivado y probar este ejercicio, debes reconocer primero el valor de sonreír. No es algo superficial y superfluo. Las sonrisas y la risa traen Luz a tu vida, alivian tus cargas y reducen el estrés y la ansiedad. Las personas que sonríen irradian un tipo diferente de energía que aquellas que son serias. Y de hecho son más felices, aun cuando lo que estén haciendo requiera un esfuerzo consciente. Además, sonreír es beneficioso para la salud. Estudios quinesiológicos (un sistema que prueba la reacción muscular a diferentes estímulos) muestran que cuando una persona tiene un pensamiento negativo, el músculo que se está testando se vuelve más débil, mientras que al tener un pensamiento positivo, el músculo permanece fuerte.

Si eres una persona negativa, tu sistema inmunológico está deprimido. Un agujero enorme y oscuro se forma en ti, el cual atrae enfermedades tanto físicas como psíquicas. De la misma manera que los productos no ecológicos dañan la capa de ozono, los pensamientos espiritualmente insanos dañan tu aura, tu escudo metafísico. Cuando estás enojado o sientes envidia, creas en tu aura pequeños agujeros. A medida que éstos se multiplican o se agrandan, tu resistencia disminuye y te vuelves presa de la oscuridad.

La depresión, el desorden psicológico más extendido en nuestra sociedad, es un ejemplo de los efectos de esta oscuridad. La depresión es un resultado directo de la desconexión de la Luz. La cura, naturalmente, es la reconexión. Si recreas el circuito utilizando la técnica simple que he descrito, la Luz brillará a través de ti; entonces tu mente y tu cuerpo estarán más sanos.

Del mismo modo, podrás protegerte de afecciones cardíacas, cáncer y otras enfermedades fatales. Existe una correlación directa entre tu salud y la cantidad de Luz que hay en tu vida. Sonreír puede parecer algo secundario, pero en el desafiante mundo de hoy, no es poca cosa.

Tu sonrisa lleva implícito este mensaje: *Mi corazón está abierto a ser un amigo, a estucharte, a tener empatía contigo. Dentro de mí he hecho lugar para ti.*

Este mensaje inicia un efecto dominó en el mundo. Cuando sonríes, estimulas a otros a extenderse más allá de sí mismos e ingresar en un mundo en el que comparten con otros y los otros comparten con ellos. Todo lo contrario ocurre cuando estás ansioso o tienes miedo: trasladas tales estados a las personas que están a tu alrededor, estimulando que sean limitados y sólo piensen en sí mismos.

Los chinos dicen: "Al nacer lloramos cuando a nuestro alrededor todos ríen. Esperemos vivir nuestras vidas de manera que cuando abandonemos este mundo podamos reír mientras a nuestro alrededor todos lloran". Intenta cultivar una actitud sonriente y animada. La vida es una maravillosa danza y puedes disfrutarla aún más si bailas a su son.

16

Mantén la Luz Encendida:
La Herramienta del Sexo

El propósito del acto sexual es

traer la Luz —el amor,

si así lo deseas— al mundo,

creando una energía circular.

Muchas personas creen que el acto sexual es una simple forma de gratificación o liberación física, y basan sus relaciones en eso. Pero yo creo que es importante mirar al significado más profundo del sexo.

El propósito del acto sexual es traer la Luz —el amor, si así lo deseas— al mundo, creando una energía circular. Al tener sexo, se crea un circuito en el que tú y tu amante interactuáis de forma divina con la Fuerza de Luz. Al igual que en nuestra metáfora de la bombilla, un filamento conecta los polos negativo y positivo, y cuando la corriente eléctrica fluye, la bombilla brilla. Tú y tu pareja ya no sois dos cuerpos, sino uno, unidos en el reino físico, emocional y espiritual.

Cuando se concibe un niño en relaciones con este tipo de circuito, el niño es engendrado con amor, por lo tanto tendrá menos desafíos y retos en la vida. Esto es especialmente cierto si la criatura es concebida durante la hora y el día espiritual principal, que es la noche del viernes después de medianoche. Éste es el momento en el que Dios entra al *Gan Edén*, el valle de los ángeles, el lugar de perfecta paz y unidad. Las almas más puras se sientan alrededor de Dios y miran a las parejas que se unen con amor puro. Dios se dirige a una de las almas que esperan y le pregunta: "¿Es allí donde te gustaría estar?". De ser así, éste es el momento en que el alma se encarna.

El hecho de que el sexo esté diseñado para traer Luz a tu vida no significa que sea malo obtener placer en el acto sexual. Al contrario, es perfectamente natural disfrutarlo. Pero para revelar la máxima Luz en tu relación y en el mundo, el pensamiento energía durante el acto debería ser: *"Estoy dando Luz y amor a mi amado y juntos crearemos un circuito que traerá energía creativa al mundo"*.

Aun en el momento del orgasmo, busca algo más que un flujo de fluido sexual y la relajación de una contracción muscular; espera también un derrame de amor. Éste, por supuesto, no es el caso del sexo casual, la prostitución o cualquier otra forma de sexualidad que excluya el amor.

¿Estoy diciendo que uno nunca debe buscar una relación de una sola noche o experimentar distintos tipos de relaciones sexuales? Tú debes ser el juez de esas actividades y del papel que juegan en tu vida y en tu *Tikún*. Sin embargo, una relación basada en principios espirituales, es una en la cual la intención que hay detrás de la sexualidad es compartir la Luz con el mundo. Cuando hacemos esto, instantáneamente traemos Luz a nuestras propias vidas y, así, nuestras relaciones y nuestra vida prosperan.

17

¡Es un Dios!
La Herramienta de la Concepción

Según la Kabbalah,

tú eliges a tus hijos y

ellos te eligen a ti.

Hasta aquí me he centrado en la relación íntima con tu pareja. Probablemente esta sea la relación clave en tu vida, así como también una de las áreas más importantes en las que debes trabajar para lograr tu corrección. Sin embargo, muchos de los principios que he descrito en las páginas de este libro también son aplicables a las relaciones con tus hijos, las cuales, sin duda, constituyen un aspecto esencial en el proceso de comprender quién eres. Si no tienes hijos, y como tú también has sido niña en algún momento, mucho de lo que explicaré a continuación será también relevante para ti.

Según la Kabbalah, tú eliges a tus hijos y ellos te eligen a ti. ¿Qué quiero decir con ello? En el momento de la concepción, tu conciencia determina el tipo de alma que será atraída al cuerpo de tu bebé. Las almas que están listas para entrar en este mundo físico esperan el momento perfecto, la situación perfecta y el ambiente perfecto para completar su *Tikún*. Ellas perciben los pensamientos e intenciones de sus padres potenciales durante el acto sexual y en el momento de la concepción. Tales pensamientos e intenciones determinan qué alma escoge encarnarse en tu útero.

Así como la semilla de la manzana contiene toda la información sobre el crecimiento futuro del árbol donde germinó, la conexión entre los padres en el momento de la concepción pinta el retrato exacto de lo que el alma experimentará como niño. Es algo impresionante, si piensas en ello.

Aun para las personas puras y santas, los pensamientos en el momento de la concepción lo determinan todo. Se dice que la razón por la cual se conoce a José como el primogénito de Jacobo pese a que Rubén fue verdaderamente su primer hijo, es que la noche en que Jacobo estaba teniendo relaciones con Leá, Laván lo engañó. Él pensó que estaba durmiendo con Raquel. Por lo tanto, su *intención* era tener a José y no a Rubén. Como consecuencia, el título de primogénito se le quitó a Rubén y se le dio a José.

Imagina lo importante que debe ser para nosotros —que no estamos en el mismo plano espiritual que Jacobo— prestar atención a nuestros pensamientos durante el acto sexual. No tenemos la espiritualidad necesaria para trascender los límites que nuestros pensamientos pueden imponer inicialmente.

Cuando tienes relaciones sexuales durante los años fértiles, sé consciente de que puedes formar una vida. Sé amorosa, comparte con tu pareja y piensa solamente en la relación en la que te encuentras. Concentra tus pensamientos en el alma que puede estar viniendo a tu unión. Si logras enfocar tu energía en ese nivel, tu niño será concebido fruto del amor de dos personas y tendrá una mayor posibilidad de nacer en la Luz.

Recuerda, no hay una forma más grande de creación en este mundo que una nueva vida.

18

¿Me he Convertido en Mi Madre?
La Herramienta de la Maternidad

Ningún contrato es más importante

que el que tienes con tus hijos.

No importa lo que puedas producir o cuán

grande sea tu negocio, si has perdido

el contacto con tus seres queridos, has

rechazado la vida y la has cambiado por

algo de menor valor.

Sólo enfocando de manera adecuada el tema de la paternidad puedes ayudar a tus hijos de forma significativa en su trabajo espiritual. Por supuesto, de este modo también puedes estimular tu propio crecimiento espiritual.

La crianza de un niño comienza cuando el bebé todavía se encuentra en el vientre materno. Es sabido que cuando una mujer embarazada bebe alcohol, fuma o consume drogas, las toxinas cruzan la barrera de la placenta; y por lo tanto, esa mujer corre un mayor riesgo de tener un bebé con bajo peso o de exponerlo a mayores peligros que una mujer que se abstiene.

Pues bien, lo mismo ocurre con las emociones. Si estás resentida, guardas rencor o sientes ira mientras estás embarazada —si estás centrada en ti misma, no estás concentrada en elevar tu conciencia, o no eres amable con las personas a tu alrededor— estarás igualmente dejando de alimentar la vida que crece dentro de ti.

Tu relación con el padre del niño también es importante. Si tu relación incluye el circuito del amor, el bebé que crece en tu vientre también disfruta de esta maravillosa energía. Cuando los futuros padres crean esta clase de conexión amorosa durante el embarazo, su hijo se mantiene bien alimentado. El amor es el alimento supremo del alma que crece en tu interior. Pero si te peleas con tu pareja y tu niño es concebido por accidente, o durante el momento de la concepción tus pensamientos estaban centrados en otras personas, entonces en este alma que ha de nacer reinará el conflicto.

Los primeros meses son los más críticos en la vida de tu hijo. Montones de abrazos y amor, junto con el amamantamiento, dan a tu criatura el sentimiento de seguridad esencial que necesitará para crecer y convertirse en un adulto seguro. Algunas personas piensan que los niños muy pequeños no están casi desarrollados, pero de hecho su personalidad está completamente formada antes de los tres años. Si deseas que tu hijo ame a la tierra y a todas las personas, dale la seguridad de tus brazos amorosos durante aquella primera etapa y en el futuro verás como valió la pena.

Los niños también necesitan espacio para expresar sus propios pensamientos y cometer sus propios errores. Cuando le dices a tu hijo que el hombre del saco no existe —cuando le dices que "se está imaginando cosas" y le ordenas que se vuelva a dormir después de haber llorado— estás limitando su imaginación y destruyendo su autoestima. En lugar de eso, explícale que hay "ángeles buenos" que nos cuidan a todos, cuéntale que muchas veces nos asustan porque no sabemos lo que son. Crea una pequeña oración con tus niños para dar la bienvenida a estas increíbles fuerzas en su vida. Al hacerlo, los animarás a conectarse con las energías cósmicas que se encuentran a nuestro alrededor.

Sé clara en cuanto a lo que quieres dar a tu descendencia. Yo he criado cuatro niños en mi hogar y mi objetivo principal siempre ha sido ayudarles a ser quienes son. Actualmente, como adultos, todos poseen una gran fortaleza de carácter, sabiduría y profundos valores. Y ellos han llegado hasta allí no gracias a lo que yo les he enseñado, sino a lo que vieron y vivieron en nuestro hogar.

Éste es un punto muy importante que debes comprender. Los niños no aprenden de lo que se les enseña, ellos aprenden viendo y haciendo. Cuando gritas a tu esposo, tu hijo absorberá ese resentimiento y se convertirá en un adulto irascible. Si tu hijo ve que tu esposo te trata de forma poco respetuosa o viceversa, él también se convertirá en un adulto irrespetuoso. En cualquier caso, la Luz brillará con menos fuerza en su vida.

Lo mismo ocurre en cuanto a los valores. Tú no quieres que tu hijo salga a la calle a consumir drogas o a probar lo que sabes que es peligroso para él. Pero ¿le estás dando el ejemplo correcto? ¿Tú o tu esposo os servís una bebida cuando necesitáis relajaros y luego le prohibís fumar marihuana? Si no restringes tus propias tendencias adictivas, ¿por qué esperas que tu hijo lo haga?

Cuando mis hijos estaban creciendo, una de mis amigas pensaba que yo era un ama de casa terrible. No me importó mucho, ya que era cierto. Sheila observó que yo dejaba que mis hijos hicieran lo que quisieran en mi casa, pero cuando estaban en la casa de otra persona entendían que no podían hacer jaleo ni tocar nada, se comportaban como adultos. "Estás siendo una hipócrita", me dijo.

"Pero mis hijos se comportan de esta manera", le expliqué, "no porque yo les haya enseñado a hacerlo, sino porque han observado que yo me comporto de manera respetuosa cuando visito a otras personas. Ellos entienden, siguiendo mi ejemplo, que pueden hacer lo que quieren en su propiedad, pero que deben respetar la propiedad de los demás."

Lo mismo es aplicable a las cualidades, como la generosidad. Un niño cuyos padres siempre están cuidándose y preocupados de no perder sus cosas, tendrá dificultad para convertirse en una persona que comparte. Si deseas que tus jovencitos adquieran ciertos valores, asegúrate de que sean testigos de esos valores en tu hogar. Cualquier cosa que quieras que sean, debes serlo tú también. El resto vendrá solo.

Permíteme darte otro consejo: tómate el tiempo para estar con tus hijos. Si trabajas fuera de tu hogar, debes estar totalmente presente cuando estás con ellos. Esto significa escuchar sus problemas con interés y preocupación, escuchar la emoción detrás de sus palabras y empatizar con sus sentimientos. Si tu hijo no puede obtener la satisfacción que proviene de tu atención constante, lo buscará en otro lado, posiblemente de colegas que podrían proporcionarle malas influencias.

Cuando mis hijos estaban creciendo, el Rav y yo tuvimos la buena suerte de poder estar con ellos día y noche. Paseábamos con ellos, jugábamos con ellos, les contábamos historias y les cantábamos canciones antes de que se fueran a la cama, y hasta nos recostábamos con ellos para dormir. Creo que hoy son las personas que son principalmente por eso, porque fueron alimentados con amor. Cuando das ese tipo de amor y apreciación a tu hijo, también los recibes a cambio. Pero si no tienes el tiempo, o estás demasiado cansada o aburrida, o si simplemente estás ausente, no puedes esperar que tus hijos crezcan con una gran apreciación de sí mismos y un sentido de propósito.

¿No es interesante encontrar con frecuencia las familias más disfuncionales en los hogares más afluentes? En algún lugar a lo largo del camino, las prioridades se pierden. Sin embargo, un padre que aun estando muy ocupado se toma un par de horas a la semana para estar con sus hijos a solas en un parque o en una piscina, demostrándoles cuán importantes son para él, tendrá más probabilidades de crear niños emocionalmente sanos.

Ningún contrato es más importante que el que tienes con tus hijos. No importa lo que puedas producir o cuán grande sea tu negocio, si has perdido el contacto con tus seres queridos, has rechazado la vida y la has cambiado por algo de menor valor.

19

Ten una Vida Social:
La Herramienta de la Amistad

Los amigos no se juzgan.

Juzgar es el ego haciendo su trabajo.

Hubo una vez un hombre que humilló al Rey. El monarca, en su ira, condenó a Jonathan a morir.

"Su Majestad", imploró Jonathan al Rey, "sé que debo ser ejecutado pero, por favor, otórgueme tres días para arreglar mis asuntos".

El Rey desconfiaba. "¿Cómo puedo saber que regresarás en tres días?".

Andrew, el mejor amigo de Jonathan, salió de entre la multitud y dijo: "Yo tomaré su lugar, su Majestad. Mi vida será la garantía de su regreso".

"Está bien", aceptó el Rey dudoso; "si eso es lo que quieres". Andrew fue a la cárcel mientras Jonathan se marchó para despedirse de la gente y finalizar sus asuntos.

Al final del tercer día, cuando el momento de la ejecución se acercaba, Jonathan no aparecía. Los guardias llevaron a Andrew al patíbulo. En el momento en que el verdugo estaba colocando la cuerda alrededor de su cuello, la multitud se agitó.

Jonathan apareció corriendo y gritando: "¡Esperen! ¡Deténganse! Ya estoy aquí. No maten al hombre equivocado".

Pero Andrew, que ya se encontraba en el cadalso, se puso terco, y ambos comenzaron a discutir. "No has llegado a tiempo", protestó. "Por lo tanto, tomaré tu lugar".

"¡No!", gritó Jonathan. "Yo cometí el crimen y éste es mi castigo".

"Tú tienes una familia", contestó Andrew, "yo no. Regresa a tu hogar, tus hijos te necesitan."

Continuaron discutiendo de este modo hasta que, por fin, el Rey intervino. "Amigos míos", dijo, "mi decisión fue condenar a un solo hombre. Pero veo que si continúo con este juicio estaré matando a dos y no a uno. Verdugo, quita la cuerda del cuello de Andrew".

Y de esta manera, el Rey sabio dejó libres a los dos amigos.

La verdadera amistad significa que serías capaz de recibir una bala en lugar del otro. Pero esto es algo muy poco común, por supuesto. Nosotros utilizamos la palabra "amistad" muy a la ligera; pero una persona que tiene un amigo de verdad en esta vida, aunque sea uno solo, realmente tiene una bendición.

Desafortunadamente, la mayoría de las amistades son superficiales. Muchas personas buscan amigos que coincidan con ellos, que compartan sus creencias políticas o sus gustos culturales, o personas que vayan a fiestas con ellos en los buenos momentos. Pero ésta no es la verdadera amistad. No, lo que estos individuos están haciendo es buscar a alguien que apoye la imagen de quienes ellos creen que son y sus creencias. Están simplemente, reafirmando su propio ego.

El ego es una cosa frágil. Como no es real, necesita el apoyo de otros para mantenerse. Las personas se rodean de amigos para sentirse mejor consigo mismos y más seguros en sus opiniones, pero esto no tiene nada que ver con la verdadera amistad. De hecho, la verdadera amistad nunca se basa en el ego.

Entonces, ¿cómo encuentras a un verdadero amigo, alguien por quien darías tu vida y que daría su vida por ti?

Primero, debes saber estar sola. Esto te ayudará a comprender quién eres. Si te sientes insuficiente, eso es lo que aportarás a la relación.

Segundo, mira dentro de ti para ver qué es aquello que te detiene y te impide ser una verdadera amiga para ti misma y para los demás. No puedes pedir a otra persona que sea lo que tú no eres. Para tener un verdadero amigo, debes primero ser una verdadera amiga. Esto significa dejar tu ego de lado y preocuparte incondicionalmente por la otra persona. Es entonces, cuando actuar como la Luz y utilizar la herramienta de compartir pasan a un primer plano.

Tercero, examina tus motivaciones. Existen muchas relaciones amistosas en las que cada individuo está intentando obtener algo del otro. Puede ser que no reconozcas esto al principio, pero examina detenidamente qué sucede si tu amiga cambia de comportamiento. Si, por ejemplo, deja de escuchar tus problemas porque está pasando por un momento muy duro. Si ante un pequeño desacuerdo estás dispuesta a finalizar la relación, obviamente ésta no es una verdadera amistad. De nuevo, se trata de ver si te encuentras atrapada en la mentalidad del "yo, yo, yo" o si estás dispuesta a resistir tus impulsos, ser *proactiva* y compartir.

Cuarto, pregúntate a ti misma: "¿Qué tipo de amigas quiero realmente?". Una vez que tu conciencia empiece a elevarse, es probable que muchas de tus viejas amistades se esfumen, que tu relación con algunas de ellas o con todas finalice. Tal vez disfrutabas yendo a un bar con ellas los viernes por la noche a beber algunas cervezas —y, por cierto, no hay nada malo en ello—; pero ahora tus intereses se han desarrollado y prefieres una reunión espiritual a una reunión en un bar. Ahora atraes a otro tipo de personas, seguramente a alguien con quien puedas tener una conexión más profunda y significativa.

* * *

En una verdadera amistad, siempre intentas hacer lo mejor para la otra persona. Esto puede significar tanto dejar a tu amiga que domine la conversación (sin guardar resentimiento) porque está pasando por un mal momento y necesita un hombro donde apoyarse, como desconectarte de ella si piensas que será mejor para ella.

Una de mis amigas había estado intentando concebir durante cinco años. El día que yo descubrí que estaba embarazada de mi primera niña, Debra me llamó para compartir conmigo la noticia de que ella también estaba esperando un bebé. Durante ese tiempo estuvimos más unidas incluso. Íbamos al mismo médico y al mismo hospital, y hasta planeamos estar juntas en la misma sala durante el parto.

Debra se puso de parto primero. Pero cuando su bebé nació, los médicos descubrieron que tenía un grave defecto de nacimiento. Tres días después, yo me puse de parto.

La hija de Debra falleció a las 9 de aquella mañana. Ese mismo día, 30 minutos más tarde, nació mi hija.

Nuestros esposos estaban juntos en la sala de espera cuando nuestro médico comunicó que su bebé había fallecido, pero que yo había dado a luz a una niña perfectamente sana.

Al principio nadie me dijo lo que había sucedido. Pero cuando me enteré, llamé a Debra. Por supuesto, ella estaba destrozada. Yo quería visitarla, pero ella no podía soportar estar a mi lado. "Mira, Karen", me dijo, "sé que tu intención es buena, pero no puedo verte ni a ti ni a tu bebé sin pensar en la muerte de mi pequeña Lisa. No te deseo ningún mal ni nada parecido, pero mi herida está abierta en este momento".

Yo quería ayudar a Debra, pero me di cuenta de que la mejor manera de hacerlo era alejarme de ella para no causarle más dolor.

Puede que pienses que esta tragedia marcó el final de nuestra amistad, pero de hecho ocurrió exactamente todo lo contrario: la hizo más profunda. Hoy Debra tiene cinco niños sanos; sin embargo, en aquella época ella necesitaba distancia. Eso era lo que pedía nuestra amistad en ese momento. Y, afortunadamente, yo pude dárselo sin tomarme su petición de forma personal o reaccionando a ello.

* * *

Cada matrimonio, pareja o relación de cualquier tipo que funciona está basada en la amistad. Una pareja puede convivir como marido y mujer, pero no tener nada en común. La intimidad sexual puede unir a dos personas, pero sólo por un tiempo, hasta que necesiten algo más. En cambio, los intereses y objetivos comunes unen a una pareja como amigos, y es así como su relación prospera.

La amistad significa ser parte de la vida de otra persona sin heriros el uno al otro. Tú aceptas a tu pareja. Sabes todo de él y, aun sabiéndolo, te gusta.

Los amigos no se juzgan. Juzgar es el ego haciendo su trabajo. Supongamos que a tu pareja le gusta hacer el tonto cuando estáis con otra gente. Quizá le guste hacer bromas y reír, pero tú te sientes incómoda cuando él actúa de esa manera. ¿Por qué? ¿Es porque crees que su comportamiento se refleja en ti de forma negativa? Entonces tu preocupación es cómo aparentas ante los demás. Eso es ego, no amor.

Golpea cordialmente en la puerta del corazón del otro y agradece la posibilidad de ver en su interior. El amor es respeto. El amor significa relacionarte con tu amigo o amante permitiendo que sea él mismo.

No es fácil alcanzar este nivel tan elevado de conciencia, porque requiere una atención constante. Debes estar alerta. Date cuenta de cómo tu ego siempre quiere controlar a los demás. Luego deja de comportarte de esa manera.

¿Cómo sabes cuándo una amistad es verdadera? Creo que cuando puedes decirle estas palabras a un amigo y realmente sentirlas:

Te quiero no sólo por lo que eres

Sino por lo que yo soy cuando estoy contigo.

Te quiero no por lo que has hecho de ti mismo

Sino por lo que estás haciendo de mí.

Te quiero por poner tu mano

En mi corazón colmado

E ignorar todas las cosas tontas y las debilidades

Que no puedes evitar ver allí,

Y por traer a la Luz

Todas las hermosas pertenencias

Que nadie se molestó en buscar tan dentro para encontrar

Por ayudarme a hacer de la madera de mi vida

No una taberna, sino un templo

Del trabajo de cada día

No un reproche sino una canción.

Tú has hecho mucho más de lo que cualquier credo podría haber hecho

Para hacerme bueno

Y más de lo que la fe podría haber hecho

Para hacerme feliz.

Has hecho esto sin una palabra, sin una señal.

Lo has hecho siendo tú mismo

Tal vez sea eso lo que es un amigo, después de todo.

—Anónimo

20

¿Me Escuchas Ahora?
La Herramienta de la Oración

Tómate ese momento especial al menos una vez a la semana para hablarle a tu chispa interior y decirle todas las cosas que deseas hacer.

En este libro hemos hablado de todo tipo de relaciones, pero no de tu relación con Dios. ¿Cuál es el vínculo entre el Creador y tú? ¿Cómo estableces esa conexión? Y, ¿qué significa orar?

Como ya hemos visto, la Kabbalah nos dice que el mundo no solamente existe tal y como lo experimentamos con nuestros sentidos. Hay una fuerza más allá —una fuente metafísica, la Luz— que también nos lleva a desear todas las cosas que queremos en la vida.

Sabemos que la Luz está dentro de nosotros. Si creemos que todas nuestras acciones crean reacciones —si eso es verdad—, entonces debemos comprender que nuestra relación con la Luz que hay dentro de nosotros tiene una importancia primordial. ¿Cómo atraemos a los niños correctos? ¿Por qué algunas parejas tienen dificultades con sus padres? ¿Por qué otras tienen problemas con el dinero o la salud? ¿Qué es aquello que permite que una mujer se una a un hombre abusivo o negligente y que otra se sienta insatisfecha aun cuando su esposo le satisface todos sus caprichos? ¿De dónde proviene la felicidad y por qué no todos gozan de ella?

La respuesta a gran parte de estos interrogantes tiene que ver con el karma. Aunque creamos lo contrario, ninguno de nosotros controla su propia vida puramente desde el presente. La mayoría de nosotros ingresa en su cuerpo actual con mucho equipaje y karma de su vida anterior. Nuestro trabajo, nuestro *Tikún*, es alejarnos del karma negativo y colocarnos en un lugar más positivo. Y atraemos el karma a nuestra vida dependiendo de la forma en que hablamos con nuestro Creador, de la forma en que oramos.

POR QUÉ COSAS ORAR

La oración es una forma de reconocer ante el Creador nuestra comprensión de que no todas las cosas que tenemos nos corresponden (lo cual incluye la capacidad de reconocer esto).

Hay una historia de un gran sabio que llegó muy tarde a una reunión. "¿Por qué?", le preguntaron sus alumnos, "¿por qué ha llegado tan tarde?".

Su respuesta fue: "Estaba ante Dios, agradeciéndole".

La mayoría de nosotros ni siquiera considera esta posibilidad. Sentimos que todo nos corresponde: caminar, hablar, ver. Nunca decimos: "Gracias por los ojos que me permiten ver este hermoso lugar y leer este libro. Gracias por los oídos que me permiten escuchar la música de la voz de mi bebé. Gracias por mi voz que canta de amor". Damos por hecho algunos dones. Sin embargo, tenemos el derecho a pedir cosas en la oración, y especialmente con el fin de crear para nosotros un camino para volvernos un ser más espiritual.

Dicen que de todas las Puertas del Cielo, las Puertas de las Lágrimas siempre están abiertas. Pero si no están bajo llave, ¿por qué necesitamos dichas puertas en primer lugar?

La respuesta es simple. Si acudes a Dios y lloras diciendo que no eres tan buena como deberías, que lo dejas todo para mañana, que eres chismosa y que quieres ser más humilde, te estás lamentando porque reconoces tu fragilidad. Y cuando pides ayuda para ser una mejor persona, las Puertas se abren. Pero las Puertas se cierran a tu petición cuando te sientas con la intención de orar y dices: "Becky lo tiene todo: un Mercedes, una gran casa, sirvientes. Yo no tengo nada de eso. Estoy necesitada. Por favor, déjame ser igual a ella". Es por eso que necesitamos una Puerta.

Entonces, ¿por qué cosas debemos orar? Cuando más conscientes estemos, menos pensaremos en los demás. Todos tenemos bendiciones en nuestras vidas, aun cuando estemos perdiendo dinero en la bolsa o discutiendo con nuestros hijos; aun cuando somos negativos; aun cuando la vida parece tan oscura. Entonces, ¿por qué cosas oramos? *Por la capacidad de reconocer que Dios está en todo.*

ORACIÓN Y KARMA

Un joven estudiante se acerca a su maestro porque no cree en la idea de que hay justicia y equidad en la vida. "¿Cómo puedes ayudarme a comprender esto?", le pregunta a su maestro.

"Ve a la esquina de Oak Street y Main", le responde el maestro. "Allí encontrarás un banco. Al otro lado de la calle hay un árbol. Siéntate debajo de ese árbol y observa lo que sucede en el banco".

El estudiante piensa que la respuesta de su maestro es algo curiosa, pero decide de todas formas seguir sus instrucciones. Se dirige a esa esquina y se sienta bajo el árbol a observar. En ese momento, un hombre se aproxima al banco, toma asiento y abre una bolsa de papel marrón. No saca de allí su almuerzo, sino un manojo de billetes de 100 dólares que procede a contar cuidadosamente. Luego guarda el dinero en la bolsa, pero entonces se distrae mirando su reloj y parece darse cuenta de que va a llegar tarde a una reunión. Entonces se marcha rápidamente, olvidándose allí la bolsa con el dinero.

Un segundo hombre llega. Se sienta en el banco y ve la bolsa marrón. Al abrirla, pone cara de sorpresa y se pone a contar el efectivo. Mira a su alrededor de forma furtiva, y como nadie lo está mirando, esconde la bolsa en su abrigo y se va corriendo.

Ahora aparece un tercer hombre. Se sienta a comer su almuerzo, abre su bolsa marrón, saca un emparedado y empieza a comérselo. Entonces, el primer hombre regresa buscando el dinero que ha perdido. "¿Dónde está mi bolsa? ¿Dónde está mi dinero?", le pregunta enojado.

"Mira" dice el tercer hombre, "no sé de qué me estás hablando. Me he sentado aquí a almorzar y no sé nada de ningún dinero. Puedes buscarlo tú mismo si así lo deseas".

Pero el primer hombre está furioso, y empieza a golpear al otro hombre hasta dejarlo tumbado en el suelo.

En ese momento, el estudiante sentado bajo el árbol está completamente confundido. Regresa a ver a su maestro y le pregunta: "¿Dónde está la justicia en este suceso? He visto a un hombre perder un dinero que no merecía perder, a otro encontrando un dinero que no merecía encontrar y a otro hombre que ha sido golpeado sin razón alguna. No comprendo para qué me has enviado a presenciarlo y cómo eso puede probar que hay justicia en el mundo".

A lo que el sabio maestro le replica: "Debemos mirar la vida pasada de estos hombres para comprender la justicia en esta situación. El primer hombre y el segundo fueron socios en una encarnación anterior. El primer hombre malversó fondos de su negocio compartido, causando muchos problemas al segundo hombre. Por lo tanto, el segundo hombre sólo estaba obteniendo lo que le correspondía, mientras que el primero estaba obteniendo lo que merecía". "¿Y el tercer hombre?", preguntó el estudiante. "Ah", continuó el maestro, "ése era el juez que dejó al primer hombre en libertad".

Vemos situaciones dolorosas todo el tiempo: una persona que nació en un karma de abuso, un niño que nació fuera de un matrimonio, un joven asesinado en la flor de la vida. Entonces nos preguntamos: "¿El Creador, ese ser que es todo misericordia, es bueno? ¿Cómo es posible que los inocentes sufran?". Pero si vemos que el alma que se encuentra dentro del niño abusado llevó a cabo el mismo acto en una vida anterior, es posible que comprendamos la situación actual. La Luz enviada aquí en la forma de un alma y la cantidad de energía que el alma posee, finalmente regresarán al Creador. Entonces se espera que esa alma haya aprendido su lección y que se encarne eliminando cierta cantidad de karma negativo en una vida futura.

Hemos nacido en un lugar específico, con unos padres específicos. Se nos ha otorgado este ambiente para alimentar nuestra capacidad de cambiar el karma de nuestra vida anterior. ¿Cómo podemos cambiar el karma? A veces, cuando nos conectamos con la Fuente al orar, podemos influenciar la forma en que la vida se nos presenta.

El Zóhar nos dice que hay tres cosas que están fuera de nuestro poder: la vida, la cantidad de niños que tendremos y la cantidad de dinero que obtendremos. Estas cosas están predeterminadas y dependen del *Mazal*. Pero *La Biblia* contiene muchas discusiones acerca de lo que sucede cuando intentamos motivar nuestras fuerzas. *La Biblia* nos habla acerca de Ana, por ejemplo, quien estaba desesperada por tener un bebé. Ana fue al festival en el Monte Moriá y el más alto sacerdote, Eli, pensó que ella había tomado mucho vino por la forma en que cerraba los ojos y movía los labios.

"¿Cómo te atreves a venir a un lugar sagrado habiendo bebido tanto?", la regañó.

"Solamente estoy rogando a Dios con todas mis fuerzas que me dé un niño", respondió ella.

Y con el paso del tiempo, Ana dio a luz al profeta Samuel. Después de amamantarlo, lo entregó a los profetas para que lo criaran como a uno de ellos.

El Rey David sabía que él iba a morir un sábado por la noche, pero no sabía cuál. Por lo tanto, todas las noches de sábado que pasaban sin que él muriese, celebraba una fiesta llamada *Melavé Malcá*, un adiós a la Reina Shabat. Aun cuando una persona tiene un tiempo determinado hasta el final, puede alterar el resultado.

La vida es un juego que nos desafía en las relaciones y en las asociaciones. Si siempre caemos en el lado negativo del desafío, el tiempo que se nos otorga puede acortarse. Al perder tiempo, nuestras vidas se hacen más breves. Por eso, cada sábado que el Rey David vivió celebraba que Dios le había otorgado un tiempo adicional.

Podemos dar a luz a un niño que ha sido destinado a ser un ladrón. Esto puede significar un niño pequeño que corre a la tienda a robar un dulce o un ladrón de bancos al estilo Bonnie y Clyde. ¿Qué determina la cantidad de negatividad? La conexión que tenemos con la Fuerza de Luz y el karma, los cuales pueden ser alterados a través de nuestro comportamiento, tanto en función de nuestras buenas acciones como por el modo de relacionarnos con otras personas.

La conexión que tenemos con Dios en nuestras vidas debe reconocerse todo el tiempo, no solamente en tiempos de necesidad. Cuando creamos un espacio negativo en nuestras vidas, perdemos todo lo bueno que hemos hecho durante ese período. ¿Por qué debería el Creador contestarnos? ¿Sólo porque necesitamos algo? "Tú ya tienes mucho prestado", dice Dios. "No sé si tu petición vale otro adelanto".

CÓMO ORAR

La mayoría de nosotros debería tomarse al menos 20 minutos para orar. Si lo deseas, puedes encender una vela y sentarte en una habitación tranquila, observar las nubes o salir a pasear al perro. Tú eliges el cómo. Pero tómate un tiempo especial al menos una vez a la semana para hablarle a tu chispa interior y decirle todas las cosas que deseas hacer. Reconoce que hay situaciones que puedes controlar y otras que no, que se te presentan para darte un mensaje. La parte más difícil es comprender qué necesitas cambiar. Como yo, puedes pensar que eres perfecta.

Ésta es una forma de oración. Pero existe otra, cuando se pone a prueba tu fe. Vivimos en un mundo en el que se nos dan opciones o casetes para nuestra vida. Si tomamos cierto camino, obtenemos un casete. Si tomamos otro diferente, obtenemos otro casete. La elección del casete es nuestra. Dios no castiga. Nos castigan nuestras propias elecciones. En el *Reino del 99 por ciento* todo es perfecto. Un hombre puede estar completo incluso cuando ha perdido una pierna. Una mujer puede estar completa aun cuando no puede concebir el hijo que tan desesperadamente desea.

Oremos para que por medio de nuestros actos de bondad, de nuestro Deseo de Recibir con el Propósito de Compartir, nos acerquemos al lugar más perfecto. Las mujeres hemos sido creadas como Vasijas altamente espirituales. Ojalá usemos esa Vasija para transmitir esta bondad y dulzura en la vida, ahora y siempre.

EPÍLOGO

Ahora que has leído *Dios Usa Lápiz Labial*, puedes estar de acuerdo con mucho de lo que he dicho. Puedes comprender el rol dual de la mujer como Vasija y como Luz. Puedes ver que la tolerancia, el respeto y la responsabilidad son ingredientes necesarios para una relación exitosa. Quizá hayas comenzado a comprender la importancia de crear un circuito en una relación y quizá ya aprecies que compartir incondicionalmente trae Luz, que es amor, a tu vida. Puedes incluso reconocer que este circuito se crea cuando resistes tu naturaleza reactiva —tu ego— y permites la entrada a tu conciencia. Éste es el "Circuito del amor".

Espero que algunos de estos conceptos te hayan quedado realmente claros; pero quiero advertirte de que se necesita más que una comprensión intelectual. Es necesario estar alerta y ser sincera si deseas realizar un cambio duradero. Debes querer, sobre todas las cosas, traer Luz a tu vida y a tus relaciones, y debes estar siempre alerta para poder ver cuándo tu naturaleza reactiva está tomando el control nuevamente.

Continúa releyendo este libro para mantener el contacto con los principios y herramientas que te he presentado aquí. Intenta asociarte con personas que piensen de la misma manera, que se encuentren en el mismo camino que tú y que te alienten. Participa de una organización espiritual —puede ser el Centro de Kabbalah o cualquier otro lugar que te parezca adecuado— para mantenerte en contacto con personas que están trayendo la Luz al mundo.

Y sobre todo, sé paciente y amable contigo misma. Estás en este mundo para aprender. Por lo tanto, comienza por aprender a disfrutar del proceso.

Espiritualidad para niños

Karen Berg, codirectora del Centro de Kabbalah, es una mujer de visión y acción. Durante más de treinta años, la misión de Karen ha sido traer la sabiduría, herramientas y beneficios de la Kabbalah a personas de todo mundo. Recientemente, Karen ha fundado el Programa de Alcance de Espiritualidad para Niños (*Spirituality for Kids [SFK] Outreach Program*) que se ocupa de proporcionar —sin ningún cargo — estas herramientas a los niños en situación de riesgo y a sus padres, en aquellas áreas en las que las generaciones de jóvenes están atrapadas en un ciclo de abuso, violencia, pobreza, drogas y crimen.

SKF Outreach es un programa educacional único que propone soluciones proactivas de vida antes de que surjan los problemas en la vida de un niño. El objetivo es que ellos aprendan a experimentar la vida como una gran aventura llena de oportunidades y desafíos, no de problemas. Una vez por semana se invita a las familias a los centros comunitarios con el fin de que aprendan nuevas habilidades para la vida. La filosofía de SKF no es enseñar las leyes de la calle, sino revelar las leyes espirituales del universo a los niños y a sus padres, y enseñar la acción positiva que motiva el cambio. A través de *SFK Outreach* los jóvenes aprenden a crear sus propias vidas y destinos.

Miles de niños y sus padres han participado en este programa (o se han beneficiado de él). *SFK Outreach* les ha otorgado los medios para alejarse de la droga y la violencia, y para llevar vidas productivas. Es más, muchos graduados del programa han regresado para ayudar a otros niños.

Karen Berg comprende profundamente que el mundo no puede continuar en este camino de conflicto y negatividad. Basándose en la sabiduría de la Kabbalah, Karen ha hecho que su propósito sea hacer surgir una espiritualidad colectiva que asegure un futuro mejor para toda la humanidad. Este cambio puede y debe comenzar con nuestros niños, porque lo que aprendan ahora, será luego la base de sus acciones.

Tal como dijo Karen una vez:

"Cuando comenzamos con el Centro de Kabbalah solamente era un sueño. Primero había sólo una persona, y de una pasamos a tres, y luego a cinco, después a veinte, a 20.000, a 40.000 y a 80.000 y de allí a centros en todo el mundo. De la misma manera, Spirituality for Kids Outreach es una visión que se formó hace poco tiempo, y el programa ya está en funcionamiento en los centros de América del Sur y Medio Oriente. Ciertamente es importante alimentar a las personas y darles lo que necesitan, pero estamos aquí para enseñarles cómo pueden obtener lo que necesitan y merecen. Estamos trabajando para que la próxima generación pueda vivir comprendiendo que cada ser humano es una chispa de Dios. Cuando ese conocimiento esté presente en todo el mundo, no habrá prejuicios ni guerras. Tendremos un mundo sin armas ni drogas, un

mundo donde las personas sientan amor en vez de odio. Personalmente, me gustaría ser una pequeña parte en la gran obra de brindar esa oportunidad a todos los niños del mundo".

Actualmente, *SFK Outreach* está desarrollando una comunidad espiritual online así como una tutoría interactiva, una serie de libros y eventos en vivo en todo el mundo. Un evento reciente en Israel reunió a niños de Israel y Palestina para jugar y compartir sus pensamientos y sentimientos. Para obtener más información sobre *Spirituality for Kids Outreach Program* y la visión de Karen Berg, por favor visita www.spiritualityforkids.com.

Más Libros que Pueden Ayudarte a Incorporar la Sabiduría de la Kabbalah a tu Vida

Simplemente Luz
Por Karen Berg

De la mujer considerada por muchos como su "madre espiritual" y cuya obra ha afectado a millones de vidas por todo el mundo, he aquí un libro con un mensaje simple y directo desde el corazón: todo gira alrededor del amor y el compartir.

La voz única de Karen te servirá de inspiración y te ayudará a confrontar los retos cotidianos. Abre el libro por cualquier página siempre que encuentres un momento, y empezarás a descubrir las claves para llevar una vida más plena y feliz.

Las reglas espirituales de las relaciones
Por Yehuda Berg

Después de más de una década desde que el arrollador bestseller *The Rules* (Las reglas) aconsejara a las mujeres sobre cómo encontrar al "hombre ideal", ahora es el momento para un nuevo compendio de reglas con un enfoque más espiritual. Este libro describe las relaciones desde una perspectiva kabbalística y explica qué hace que funcionen (o dejen de funcionar); revela que es la mujer quien tiene el poder de determinar el resultado; e identifica las diferencias que hacen que hombres y mujeres piensen y actúen de forma diferente. A pesar de que no es una compilación de consejos para ligar, sus reglas funcionan. Tienen que funcionar: son las leyes del universo. Los lectores aprenden el verdadero significado del término "alma gemela" y por qué es mejor que un hombre persiga a una mujer, y no al contrario. Estas son más que simples reglas de las relaciones, son reglas para crear una vida más feliz y satisfactoria.

Nano: Tecnología de la mente sobre la materia
Por Rav Berg

Kabbalah es todo acerca de obtener el control sobre el mundo físico, incluyendo nuestra vida personal, en el nivel más fundamental de la realidad. Se trata de alcanzar y extender el poder de mente sobre materia y desarrollar la habilidad de crear plenitud, alegría, y felicidad al controlar todo al nivel más básico de existencia. De esta manera, Kabbalah es anterior y presagia la tendencia más apasionante en los desarrollos científicos y tecnológicos más recientes, la aplicación de la nanotecnología a todas las áreas de la vida para crear resultados mejores, más fuertes, y más eficientes. En Nano, el Rav desmitifica la conexión que hay entre la antigua sabiduría de la Kabbalah y el pensamiento científico actual, y muestra como la unión de ambos pondrá fin al caos en un futuro previsible.

El libro del Hilo Rojo
Por Yehuda Berg

Yehuda Berg explica a profundidad cómo el Hilo Rojo, la herramienta de la sabiduría kabbalística más ampliamente reconocida, intercepta la energía negativa de "mal de ojo", la cual es transmitida a través de miradas poco amigables y vistazos maliciosos. Los sabios de la Kabbalah entendían que las miradas envidiosas y vistazos malintencionados son todo menos inofensivos. Éstos nos afectan físicamente y, en realidad, pueden evitar que alcancemos todo nuestro potencial. Este libro ofrece detalles sobre cómo usar el Hilo Rojo y por qué rodeará a quien lo use con una fuerza de protección.

Ser Como Dios
Por Michael Berg

A los 16 años, el erudito Kabbalista Michael Berg comenzó la ardua tarea de traducir por primera vez del arameo original al inglés, *El Zóhar*, el principal texto de la Kabbalah. *El Zóhar*, compuesto de 23 volúmenes, es considerado un compendio de prácticamente toda la información concerniente al universo, y sólo hoy su sabiduría comienza a verificarse.

Durante los diez años que trabajó en *El Zóhar*, Michael Berg descubrió el secreto perdido que la humanidad ha buscado durante más de 5.000

años: cómo alcanzar nuestro destino último. *Ser como Dios* revela el método de transformación por el cual las personas pueden librarse de lo que se conoce como "la naturaleza del ego", lo que les permitirá alcanzar alegría total y vida perdurable.

En este libro, el autor pronostica la revolucionaria idea de que, por primera vez en la historia, se pone a disposición de la humanidad una oportunidad extraordinaria: la de *Ser como Dios*.

El *Zóhar*

 Compuesto hace más de 2.000 años, el *Zóhar* es una colección de 23 libros basados en el comentario de asuntos bíblicos y espirituales en forma de diálogos entre maestros espirituales. Sin embargo, describir el *Zóhar* solamente en términos físicos es engañoso. En realidad, el *Zóhar* nada menos que una herramienta poderosa para lograr el propósito más importante de nuestras vidas. El Creador lo entregó a la humanidad para brindarnos protección, para conectarnos con su Luz y para lograr nuestro derecho innato, que es la verdadera transformación espiritual.

Hace 80 años, cuando se fundó el Centro de Kabbalah, el *Zóhar* había desaparecido virtualmente del mundo. Pocas personas de la población general habían escuchado hablar sobre él. Todo aquel que quisiese leerlo (en cualquier país, idioma y a cualquier precio) se enfrentaba a una ardua e inútil búsqueda.

Hoy en día, todo esto ha cambiado. Gracias al trabajo del Centro de Kabbalah y al esfuerzo editorial de Michael Berg, el *Zóhar* se está transmitiendo al mundo no sólo en su idioma original, el arameo, sino también en inglés. El nuevo *Zóhar* en inglés proporciona todo lo necesario para conectarse con este texto sagrado en todos los niveles: el texto original en arameo para el 'escaneo', la traducción al inglés y los comentarios claros y concisos para su estudio y aprendizaje.

Además, el Centro de Kabbalah se ha embarcado en la tarea de traducir el *Zóhar* al español. En este momento hay varios volúmenes disponibles y estamos en el proceso de traducirlo en su totalidad.

Karen Berg en Línea

Karen Berg se mantiene en línea a través de su blog en español karen.kabbalah.com/es/, su página de Facebook (en inglés) y la puedes seguir en Twitter (en inglés) a través de su dirección: www.twitter.com/simplelight72

El Centro de Kabbalah

¿Qué es el Centro de Kabbalah?

El Centro de Kabbalah es una organización espiritual dedicada a traer la sabiduría de la Kabbalah al mundo. El Centro de Kabbalah ha existido como tal desde hace más de 80 años, pero su linaje espiritual se extiende hasta Rav Isaac Luria en el siglo XVI y más atrás, hasta Rav Shimón bar Yojái, quien reveló el Zóhar, el texto principal de la Kabbalah, hace más de 2000 años.

El Centro de Kabbalah fue fundado en 1922 por Rav Yehuda Áshlag, uno de los más grandes Kabbalistas del siglo XX. Cuando Rav Áshlag dejó este mundo, el liderazgo del Centro fue asumido por Rav Yehuda Brandwein. Antes de su fallecimiento, Rav Brandwein designó a Rav Berg como director del Centro de Kabbalah. Durante más de 30 años, El Centro de Kabbalah ha estado bajo la dirección del Rav Berg, su mujer Karen Berg y sus hijos, Yehuda Berg y Michael Berg.

Aunque hay muchos estudios de Kabbalah, El Centro de Kabbalah no enseña Kabbalah como una disciplina académica, sino como una forma de crear una vida mejor. La misión de El Centro de Kabbalah es hacer que las herramientas prácticas y las enseñanzas espirituales de la Kabbalah estén disponibles para todo el mundo.

El Centro de Kabbalah no hace ninguna promesa. Pero si las personas están dispuestas a trabajar duro y a convertirse activamente en individuos tolerantes que comparten y se ocupan de los demás, la Kabbalah afirma que experimentarán una plenitud y una felicidad desconocidas para ellos hasta ahora. Sin embargo, esta sensación de plenitud aparece de forma gradual y es el resultado del trabajo espiritual del estudiante. Nuestro objetivo final es que toda la humanidad obtenga la felicidad y la plenitud que son su verdadero destino.

La Kabbalah enseña a sus estudiantes a cuestionarse y a poner a prueba todo lo que aprenden. Una de las enseñanzas más importantes de la Kabbalah es que no hay coerción en la espiritualidad.

¿Qué ofrece El Centro de Kabbalah?

Los Centros de Kabbalah locales de todo el mundo ofrecen charlas, clases, grupos de estudio, celebraciones de festividades y servicios, además de una comunidad de profesores y compañeros estudiantes. Para encontrar tu Centro más cercano, visita www.kabbalah.com /espanol.

Para aquellos de ustedes que no puedan acceder a un Centro de Kabbalah físico debido a restricciones geográficas o de tiempo, les ofrecemos otras formas de participar en la comunidad del Centro de Kabbalah.

En www.kabbalah.com/espanol te ofrecemos blogs, boletines, sabiduría semanal, tienda online y mucho más.

Es una forma estupenda de estar informado y en contacto, además de brindarte acceso a programas que expandirán tu mente y te retarán a continuar tu trabajo espiritual.

Ayuda al estudiante

El Centro de Kabbalah da poder a las personas para que asuman la responsabilidad de sus propias vidas. Se trata de las enseñanzas, no de los profesores. Pero en tu viaje hacia el crecimiento personal, las cosas pueden ser confusas y a veces difíciles, y por eso resulta de gran ayuda tener un profesor. Simplemente llama al número gratuito 1-800-kabbalah si llamas desde los Estados Unidos.

Si te encuentras fuera de los Estados Unidos, puedes llamar a nuestros números de acceso gratuitos en español, en los cuales serás atendido por instructores hispano parlantes:

Todos los instructores de Ayuda al estudiante han estudiado Kabbalah bajo la supervisión directa del Rav Berg, ampliamente reconocido como el kabbalista más relevante de nuestros tiempos.

PAÍS	NÚMERO
Brasil	0800 772 3272
España	00 800 5222 2524
México	001 800 522 2252

También te ofrecemos la oportunidad de que interactúes con otros estudiantes de Ayuda al estudiante a través de grupos de estudio, conexiones mensuales, retiros de festividades y otros eventos que se llevan a cabo por todo el país.

Información de contacto de Centros y Grupos de Estudio

Argentina:

Buenos Aires
Teléfono: (54) 11 4831 3443
kcargentina@kabbalah.com

Córdoba
Teléfono: 0351 15200 1111
kcargentina@kabbalah.com

Corrientes
Teléfono: 434668 15603222
kcargentina@kabbalah.com

Chile:

Santiago
Tel (56) 2 21 52 737
kcchile@kabbalah.com
Facebook: Kabbalah Chile
Twitter: Kabbalah_Chile

Colombia:

Bogotá
Teléfonos:(57) 1 321 7430 /
(57) 1 212 6620 / 6621
kcbogota@kabbalah.com
Facebook: Centro de Kabbalah
Bogotá
Twitter: Kabbalahcol

Medellín
Teléfonos: (57) 4 311 9004 /
(57) 3 136 49 2898
kcmedellin@kabbalah.com
Facebook: Centro de Kabbalah
Medellín
Twitter: Kabbalahcol

España:

Teléfono: 34 (España) - 911 883 526

Guatemala:

Teléfono: 5703 2220
guatemala@kabbalah.com

México:

D.F., Polanco
Teléfono: 52 80 05 11
kcmexico@kabbalah.com
Facebook: kabbalahmexico
Twitter: kabbalahmx

D.F., Tecamachalco
Teléfono: 55 89 44 64
kcmexico@kabbalah.com
Facebook: kabbalahmexico
Twitter: kabbalahmx

Guadalajara
Teléfonos: (52) 33 31 23 0976 /
(52) 33 15 96 2478
kcguadalajara@kabbalah.com
Facebook: Kabbalah Centre Guadalajara
Twitter: kabbalahgdl

Poza Rica
Teléfonos: 782 119 1045 / 782 108
4567 / 82 6 50 45 / 82 6 55 85
deborah.ortega@kabbalah.com

San Luis Potosí
Teléfono: 44 41 83 53 36
kcsanluispotosi@kabbalah.com